*The Wisdom learned from the historical heroes*

# 역사 속 인물에게
# 배우는 지혜

최병록

박영사

# 머리말

'역사(History)'에 관한 명언은 무수히 많다. '역사'라는 단어가 들어간 명언 중에서 위인들이 남긴 것으로는 "역사를 잊은 민족에게 미래는 없다.", "역사에 만약은 없다.", "역사는 승자의 기록이다." 등을 들 수 있다.

영국의 평론가이자 역사학자로 유명한 토머스 칼라일(Thomas Carlyle, 1795~1881)은 "역사는 모든 과학의 기초이며 인간 정신의 최초 산물이다"라고 말하였다. 또한 영국의 역사학자 겸 국제정치학자 에드워드 카(Edward Hallett Carr, 1892~1982)는 "역사는 과거와 현재의 끊임없는 대화이다"라고 설파하였고 유명한 저서로 「역사란 무엇인가」를 남겼다.

장구한 인류 역사 속에서 정치, 경제, 사회, 문화 등 다양한 방면에서 탁월한 업적과 공헌을 한 인물을 든다면 이루 헤아릴 수 없다.

이 책은 역사적인 인물에 대한 위인 전기도 아니고, 역사적 고증을 거친 내용을 정리한 것도 아니다. 다만, 우리 대학에서 균형 교양과목으로 "역사 속 인물에게 배우는 지혜"라는 교과목을 개발하면서 저자가 임의로 뽑은 역사적 인물로 12명을 연구하여 인류에게 끼친 업적과 우리가 배울 수 있는 교훈을 찾고자 하였다. 이 교양과목을 수강하는 학생들은 대학의 전체 학과 학생들이 망라되어 있어서 정치, 예술, 사회 등 다양한 분야에서 업적을 남긴 우리나라와 외국의 역사적 인물들 중에서 12인을 선정하게 된 것이다.

이 책을 통하여 우리 대학의 학생들이나 일반인들이 역사적인 인물들에게서 한가지라도 교훈을 얻어서 자신의 삶에서의 생각이나 가치, 태도 등의 변화를 가

겨올 수 있는 기회를 얻는다면 저자로서는 더할 수 없는 보람으로 생각된다.

끝으로 어려운 출판 여건 속에서도 발간해 준 박영사의 대표님을 비롯한 임직원 모두에게도 감사를 표한다.

2024. 2. 28.

서원대학교 연구실(미래창조관 1005호)에서

저자

# 차례

# 01 발명의 왕, 토머스 에디슨

발명이라는 단어만 들어도 우리들의 머릿속에 떠오르는 인물은 '에디슨'이다. 우리나라 특허법에서는 발명이 무엇인지 정의하고 있는데, '발명'이란 자연법칙을 이용한 기술적 사상의 창작으로서 고도(高度)한 것을 말한다(특허법 제2조 제1호). 또한 '특허발명'이란 특허를 받은 발명을 말한다(특허법 제2조 제1호). 따라서 아무리 좋은 발명이라고 하더라도 이를 특허청에 출원하여 특허로 인정되어 등록되어야 특허에 대한 권리를 가지고 행사할 수 있다.

## 에디슨의 호기심과 재능

토머스 앨바 에디슨(Thomas Alva Edison, 1847~1931)은 미국의 발명가이자 사업가이다. 세계에서 가장 많은 1,300건이 넘는 발명품을 내놓은 사람으로서 이 중에서 1,093개의 발명을 미국의 특허로 등록을 받았다.

에디슨은 1847년 미국 오하이오주 밀란에서 태어나 미시간주 포트 휴런에서 자랐다. 에디슨이 어린 시절에 달걀을 품고 있는 것을 보고 어머니가 뭐하느냐고 물었다는 일화는 유명하다. 그러나 이는 호기심이 많았다는 걸 강조한 것일 뿐인데 권위 있는 에디슨 전기들은 이 에피소드를 다루지 않는다고 한다. 우리가 어릴 때부터 많이 들었던 이야기로서 매사에 호기심이 많았던 것을 강조하면서 나온 이야기로 들린다.

토머스 에디슨(1847~1931)

또한 호기심 많은 에디슨은 그 시대의 교육방식이 그에게는 잘 맞지 않아서 정규 교육을 받은 것은 3개월뿐이었다고 한다. 에디슨의 어머니가 결혼하기 전에는 교사로 일했었던 경력이 있어서인지 열성적인 교육열로 에디슨의 숨겨진 재능이 차차 드러나게 되었다. 이를 우리는 잠재력(potential, potential power)이라고 표현할 수 있다. 누구에게나 이러한 잠재력이나 재능(talent, gift)이 있기 때문에 이를 발견하고 키워줄 수 있는 사람이 옆에 있다면 너무나 큰 행운이다. 에디슨의 어머니는 아들의 재능을 간파하여 직접 실험을 할 수 있는 과학책을 사 주기도 하였다.

## 세계 최초의 민간 멘로파크연구소의 설립

에디슨은 1876년 3월 25일 뉴저지주 멘로파크(Menlo Park)에 산업연구소를 세우고 각 분야 전문가 25명을 불러들였다. 과학기술 실용화를 위한 민간연구소가 설립된 것은 이때가 처음이었다. 이에 대하여 당시 학계에서는 연구와 실험은 인류 전체를 위한 것이지 개인의 사유물이 아니라는 생각에서 싸늘한 반응을 보였다. 에디슨은 "열흘에 한 건씩 간단한 발명, 6개월에 한 건씩 굉장한 발명을 해 낼 것이다"라고 하면서 학계의 싸늘한 반응에 대항하였다. 에디슨은 연구소 설립한 이후 9년 동안 축음기와 백열전구·영사기·확성기·복사기·전기퓨즈·전동차 등 대표적인 발명품들을 포함하여 400여 건에 달하는 특허등록을 하였다. 짧은 기간 동안 이 연구소가 성공할 수 있었던 요인은 집적화에 있었다. 이 연구소에 근무하는 연구원들을 위하여 주택단지까지 만들어 주었고, 주 80시간씩 연구와 실험에 매달릴 수 있는 여건을 조성해 주었다. 연구원들이 1%의 성과를 위해 99%의 노력을 쏟아붓는 체제가 바로 멘로파크연구소였다.

1887년 규모가 10배 확장된 웨스트오렌지로 이전하며 새로운 도약을 꿈꿨지만 에디슨의 무리한 광산투자 후유증으로 발명 중심권에서 밀려났다. 짧은 기간만 존속했던 멘로파크연구소는 역사에 뚜렷한 자취를 남겼다. 19세기 말부터 미국과 유럽의 유력 기업들은 잇따라 산업연구소를 세웠다. 멘로파크를 벤치마킹한 것이다. 경제사가 존 스틸 고든은 "멘로파크연구소는 에디슨의 최고 발명품이며 20세기 자본주의를 향한 가장 중요한 이정표였다"라고 높이 평가하였다.[1]

## 인류 최고의 발명품, 전기

에디슨의 발명품은 여기서 일일이 거론하기조차 어려울 정도로 무척 많았다. 대표적인 것으로는 자동 발신기 개발(1874년), 축음기(1877년), 백열등 발명(1879년), 전화 송신기 개발(1879년), 신식 발전기와 전등 부속품 개발(1880년), 전차의 실험(1881년), 발전소 건설(1882년), 영화의 제작방법(1888년), 광물을 가려내는 방법(1895년), 시멘트 공업의 개량(1900년), 엔진형 개발 및 축전지 개발(1909년) 등을 들 수 있다.

에디슨의 발명품 중에서 가장 큰 업적으로는 무엇보다도 전구의 발명이다. 전구의 발명은 전기를 생성하는 발전과 전기를 공급하는 송배전 부문에서 큰 발전을 가져오게 하였으며, 오늘날처럼 가정마다 전기가 사용하게 된 것은 모두 에디슨의 발명 덕분이라고 하지 않을 수 없을 것이다.

조선시대에 국내 최초의 전기는 고종이 경복궁에 설치한 전구인데 이것은 에디슨 전기회사에서 구입하였다. 승정원일기에는 에디슨을 의대손(宜代孫)이라고 적었다. 에디슨 본인은 동양의 궁궐에 자신의 전구가 달린다는 사실에 상당히 기뻐했는데, 그도 그럴 것이 1886년 당시는 에디슨 회사가 전기 사업을 시작한 지 만 7년째였을 뿐이었고 조선에서는 전기 시설 설비와 운영 권한에 전권을 준 상태였기 때문이다. 거기다 이 전기는 동아시아 최초의 전기라는 점도 한몫 하였다. 하지만 전구에 들어가는 전기를 생산한 발전기의 냉각수를 궁궐 연못에서 끌어다 써서 죄 없는 물고기들만 떼죽음 당하여 조선 민심이 흉흉해졌고, 에디슨이

---

1) 서울경제신문, [오늘의 경제소사/3월 25일] <1352> 멘로파크연구소,
   https:// www.sedaily.com/NewsView/1HW0HHGJMT

직접 선발해 파견한 책임자 윌리엄 맥케이(조선명: 맥계, 麥溪)가 불의의 사고로 사망하면서 이 전등소 사업은 단발성에 그쳤다. 조선에 다시 전깃불이 들어온 것은 조선 정부가 나중에 영국인 퍼비가 포사이스를 새로 고용한 뒤의 일이었다고 한다.

## 가족관계의 명암

에디슨은 일생 동안 발명과 사업에 전력을 다하다 보니 배우자와 자녀들에게 충분한 시간을 내거나 함께 하는 소통과 관계에는 소홀하였다고 지적되고 있다. 첫 번째 부인 메리 스틸웰은 쓸 만한 발명품을 만들어내지 않는다고 에디슨을 많이 구박하였다고 한다. 에디슨은 대학교육에 대한 컴플렉스 탓인지 자녀들을 공과대학 외에는 다른 전공의 대학에는 일체 보내지 않았다고 하니 다소 편향된 사고방식도 많이 이야기되고 있다. 첫 번째 부인이 죽었을 때 그는 일이 바쁘다며 장례식에도 가지 않았다고 하며, 그 후 한동안 혼자 적적하게 지내다가 두 번째 부인이 된 미나 밀러에게 모스 부호로 프로포즈하였다는 이야기가 전해지기도 한다.

가족에 소홀했던 탓인지 첫째 아들 토머스 주니어는 '전기 활력 회복기'라고 이름 붙인 가짜 건강기계를 만들어 팔다가 고발당하는 등 아버지 에디슨의 이름을 빌려 사기를 치기도 하여 문제가 되기도 하였다. 둘째 아들 윌리엄은 시작하는 사업마다 실패하여 매주 40달러씩 생활비를 대주기도 하였다. 다만 셋째 아들 찰스 에디슨은 정계로 진출하여 훗날 뉴저지주의 주지사가 되었다. 셋째 아들은 자신의 아버지와 가장 친밀하다고 자부하였지만, 그마저도 아버지 얼굴을 평생 봤던 시간이 채 1주일도 되지 않는다고 털어놓았을 정도로 에디슨은 배우자와 자녀들과의 관계가 소홀하였다.


## 에디슨의 사망

에디슨은 82세가 된 1929년에 백열등을 발명한 지 50주년 기념식에 참석하여 연설을 하고 난 뒤 병을 앓게 되었다. 에디슨은 그 이후 미국 뉴저지주 웨스트오렌지 자택에서 병상에 누워서 지내다가, 1931년 10월 18일에 수많은 발명품을 인류에게 남기고 향년 84세로 세상을 떠났다.


## 미국의 응용과학기술 발전에 지대한 공헌

19세기 말에서 20세기 초까지의 미국의 과학기술은 유럽에 비해 내세울 게 없었다. 특히 유럽의 물리학은 막스 플랑크, 닐스 보어, 퀴리 부부, 아인슈타인, 하이젠베르크 등 천재적인 과학자들이 서로 경쟁하며 비약적으로 발전하였다. 이에 반하여 미국의 과학기술은 변방에 지나지 않고 있었다. 이때 에디슨은 학자적인 이론을 갖고 있지는 못하였지만 실험과 호기심을 통한 발명으로 응용기술면에서 미국이 유럽을 압도할 수 있는 국가로 만들었다는 점은 누구도 부인할 수 없는 점이다.


## 제너럴 일렉트릭(General Electric)의 모태

제너럴 일렉트릭은 에디슨이 설립한 전기조명 회사를 모체로 성장한 세계 최대의 글로벌 석유 및 에너지 인프라 기업이다. 1892년 토머스 에디슨이 만든 에디슨 제너럴 일렉트릭(Edison General Electric)과 톰슨 휴스턴(Thomson-Houston)

이 합병해 뉴욕 주 스케넥터디에 설립되었다. 1911년 국립전기조명협회(NELA)가 제너럴 일렉트릭 조명사업부에 흡수되었다. 국립전기조명협회는 에디슨전기연구소의 전신이다. 1935년 제너럴 일렉트릭은 런던 증권거래소에서 주식이 거래된 상위 30개 기업 가운데 하나였다. 제너럴 일렉트릭의 사업부 목록은 오랜 시간에 걸쳐 수차례의 인수, 자산매각, 구조조정을 통해 변경되었다. 에너지, 인프라, 기술, 항공, 금융, 의료 등의 부문에서 지속적으로 새로운 사업을 발굴하였다. 2005년부터 환경문제 해결에 앞장서며 녹색기업의 입지를 굳혔다.

에디슨은 젊은 시절부터 발명하여 등록한 특허권을 매도하거나 담보로 제공하여 사업 자금을 마련하였다. 보수적이고 깐깐한 월가 자본가들로부터 39만 5,000달러(현재 약 1,000만 달러)의 투자금을 유치하여 전기산업을 일으켰다고 한다. 이는 19세기에 유치한 최대의 투자금으로서 오늘날의 벤처캐피털의 원형이라고 볼 수 있다. 제너럴 일렉트릭은 에디슨이 세운 전기조명회사를 모태로 하며, 그가 세운 에디슨 제너럴 일렉트릭은 합병되어 나중에 GE로 성장하였고 세계적인 기업이 되었다.


## 실리콘 밸리에 남겨진 에디슨의 유산

미국 샌프란시스코 만의 서쪽과 남쪽의 도시들을 포함하여 미국 첨단산업, 특히 IT와 반도체 기반 기업과 연구소들의 요람을 일컬어 실리콘 밸리(Silicon Valley)라고 한다. 1939년 HP가 이곳에서 창업된 이래 수많은 벤처기업들이 이곳에서 명멸해 갔으며, 성공한 기업이 엄청나게 많은 관계로 실리콘 밸리 자체가 하나의 대명사가 되었다.

2017년 영국의 유명한 방송, BBC는 오늘날 미국의 실리콘 밸리 문화와 현대 연구소의 출발이 150년 전 에디슨에게서 시작됐다는 분석 기사를 내기도 하였다. 에디슨은 유럽의 숙련 기술자를 연구원으로 채용하여 공동으로 발명과 연구를 진행하였다. 개인 아닌 조직 차원의 발명과 실리콘 밸리의 현대 연구소의 모델이 되었다는 것이다.

기본적으로 에디슨의 유산은 그가 발명을 연구로 전환하고 그 연구를 다시 성공적인 혁신으로 전환하는 방법을 알아낸 사람이었다는 것이다. 그는 단지 연구실과 작업장에서의 일뿐만이 아니라 시장에 제품을 내놓는 요령을 알고 있었다. 오늘날 진행되는 많은 일들이 19세기 후반과 20세기 초에 에디슨이 했던 작업들과 상당히 닮아있다고 한다.

에디슨은 백열전구와 축음기, 영사기 등 3대 발명품으로 현대문명의 서막을 연 것을 넘어 굴지의 회사를 일구고 당시 산업의 흐름을 바꾼 위대한 기업가이자 혁신가(innovator)라고 평가받기도 한다. 에디슨이 어떻게 그 많고 탁월한 발명을 하고, 발명 및 사업화 자금을 조달해 기업을 창업·운영했으며 급기야 산업을 바꿨는지에 대하여 새롭게 조명하고 주창하는 사람들도 많다. 인류 우주 비행의 꿈을 실현하려고 노력하고 있는 테슬라의 최고경영자(CEO)인 일론 머스크가 가장 존경하는 사람은 다름 아닌 에디슨이라고 한다. 일론 머스크는 "나의 롤 모델은 에디슨이다. 테슬라 모터스와 스페이스X 이면의 정신은 에디슨의 백열전구와 영사기이다"라고 하였다. 스티브 잡스도 "에디슨이 마르크스보다 세상을 더 많이 바꿨다"라고 높이 평가하였다.

## 에디슨의 노트

에디슨은 역사적 인물들 가운데 가장 많은 양의 노트 필기를 했던 사람으로 알려져 있다. 그가 남긴 노트필기의 분량은 무려 500만 페이지가 넘는다고 한다. 노트필기한 내용의 대부분은 에디슨과 그의 회사들이 남긴 자료들로, 그가 벌인 사업과 관련해 주고받은 서신, 법원 기록뿐만 아니라 그의 화려한 업무 이력이 상세히 기록된 메모와 노트 내용도 있다. 에디슨은 회계장부로부터 특허법까지 업무의 모든 측면에 관한 복잡한 설명도 빼놓지 않고 기록하고 있었다.

토머스 에디슨 국립역사공원에 있는 기록보관소를 관리하는 기관은 국립공

원관리청(NPS)이다. 1970년대 말 뉴저지 뉴브런즈윅에 위치한 럿거스대학교는 30년 이상 에디슨 페이퍼 프로젝트(Edison Papers Project)를 진행해온 본산지로, 여기서 하는 일은 편집하고, 연구하고, 문서화하는 중인 500만 장 이상의 문서가 보관된 이곳 기록보관소를 면밀히 살펴보는 것이다. 에디슨이 관여했던 연구 및 사업 분야에서 무슨 일들이 일어나고 있었는지 깊이 이해하고 관련 분야의 학자와 일반 대중들이 이런 자료를 더 쉽게 활용할 수 있도록 돕는 일을 하고 있다.

처음 작업에 착수했을 때만 해도 총 분량이 150만 장 정도일 것으로 예측하였으나 현재 500만 장으로 추정되고 있다. 또한 다른 기록보관소 및 개인 소장품을 통해 3만 장 이상을 찾아내었다고 한다. 이러한 에디슨에 대한 기록을 집대성해 디지털화하면서 연구노트, 신문기사, 영수증 등 갖가지 자료를 정리하는 과정에서 혁신의 면모가 드러났다. 그의 방대한 연구노트는 발명 아이디어의 발전과 사업화 등에 대한 정보의 보고라고 평가되고 있다.

## 에디슨이 주는 교훈

에디슨은 "천재는 1%의 영감과 99%의 노력"이라고 설파하였고, 이러한 그의 말은 그 자신의 삶이었다. 필라멘트 실험을 6,000번이나 시도하였고 소재를 찾기 위해 전 세계를 뒤졌다고 한다. 그의 관심이 과학기술에만 한정된 것이 아니라 역사, 예술, 문학 등 다양한 분야에 대한 독서를 통하여 많은 문제를 해결하였다. 레미제라블을 너무 좋아해서 '빅토르 위고 에디슨'이라는 별명도 얻었다고 한다.

# 조선의 발명가, 장영실

    미국의 발명왕 에디슨이 한 발명은 개인적이고 사업적인 면이 강하다고 할 수 있다. 그러나 장영실의 발명은 국가적이고 공익적으로 이루어진 발명이라는 점에서 큰 차이가 있다. 에디슨의 발명도 공익에 기여한 것은 말할 것도 없지만 장영실의 발명은 개인적이거나 사업적으로 활용된 것은 아니라는 점이다.

    신분질서가 철저하게 유지되었던 조선 전기시대에, 천민의 신분을 가지고 태어났던 장영실에게는 때를 잘 만나고 사람을 잘 만나는 행운을 가지게 되었다. 장영실은 비록 천민의 신분이었지만 그의 재능을 알아본 태종대왕과 세종대왕의 전폭적인 지원으로 국가적인 사업을 위하여 많은 발명품이 탄생하게 되었다.

장영실(1390?~?)

    장영실이라는 천민신분의 사람이 이처럼 괄목할 만한 발명품들을 만들어내게 된 주요 요인으로 두 가지를 든다면 다음과 같은 것을 들 수 있다. 첫째, 자신의 재능을 알아주는 세종대왕이라는 인물을 만났다는 인연이 있었다는 점이다. 둘째, 조선이라는 나라가 건국질서를 잡고 안정기에 접어들어 본격적인 부흥을 시작하고 있었던 시대적인 타이밍이 있었다는 점이다. 이러한 주요 요인이 상호 결합하여 상승작용을 하였다는 점이 조선의 발명왕, 장영실이 되는 엄청난 배경이 되었다.

## 장영실의 가계와 신분, 성장

장영실(蔣英實, 1390? ~)은 조선 전기에 관직도 하고 세종대왕의 총애로 과학자, 기술자, 발명가로 활동한 인물이다. 조선시대의 지명으로는 경상남도 동래군에서 출생하였고, 본관은 아산이며, 그는 아산 장씨의 시조 장서의 9대손으로 추정되고 있다.

《세종실록》에서는 장영실의 아버지 장성휘는 원나라 유민으로 소주·항주 출신이고, 어머니는 조선 동래현의 기생이었다고 한다. 아산 장씨 종친회의 주장에 따르면 장영실은 대략 1385년경에서 1390년(고려시대 우왕 11년~공양왕 2년)경에 출생하였다고 보고 있으며, 아버지 장성휘는 장씨 시조 장서의 8대손으로 고려 말의 계급으로 전서(典書)였으며, 어머니는 고려에서 조선으로 넘어가는 혼란기에 조선의 관노로 전락하였다고 주장한다. 장영실에게는 여동생이 한 명 있었다고 하며, 사촌 여동생은 천문학자로 유명한 김담과 혼인하였다고 한다.

## 조선왕조 태종대왕의 발탁과 세종대왕의 중용

장영실은 본래 동래현의 관노인 어머니에게서 출생한 신분이라서 당시의 천민의 신분이었지만 발명가로서의 훌륭한 재능을 태종대왕이 인정하여 발탁되었다. 세종대왕은 실용주의자로서 장영실의 적성을 중요하게 생각하여 태종대왕의 뒤를 이어 중용하였다. 세종대왕은 장영실을 1421년(세종 4년) 윤사웅(尹士雄), 최천구(崔天衢) 등과 함께 중국으로 보내어 천문기기의 모양을 배워오도록 하였다. 귀국 후 장영실의 나이 약 34세 때인 1423년(세종 5년)에 천문기기를 제작한 공을 인정받아 천민의 신분을 면하게 되었고, 재차 대신들의 의논을 거쳐 종5품 상의원(尙衣院) 별좌에 임명되었다.

장영실은 이천(李蕆)·이순지(李純之)·김담(金淡) 등과 더불어 세종대왕 시기에 과학·기술의 발전에 중추적인 역할을 담당하였던 핵심 인물이 되었다. 세종대왕 때의 과학·기술 분야에서 장영실이 세운 업적 중 가장 중요한 것은 천문 관측 기계와 시계를 제작한 것이라고 할 수 있다. 그가 각종 기계의 제작에 본격적으로 착수한 것은 1432년(세종 14년)부터이다. 이 해에 세종대왕은 예문관 대제학 정초(鄭招)와 제학 정인지(鄭麟趾)에게 천문 관측 기계에 관한 제도들을 연구하여 간의(簡儀)를 제작하도록 지시하였다. 이에 정인지·정초 등은 관련 제도를 문헌에서 찾아 연구하는 일을 맡았고, 장영실과 이천은 기술자 감독의 일을 맡아 우선 목간의(木簡儀)를 제작하였고, 이를 이용해서 북극의 고도를 측정하여 만족할 만한 결과를 얻었다. 이에 장영실 등은 구리를 이용한 기계 제작에 착수하여 1438년(세종 20년)에 모든 제작을 완료하였다.

장영실 등이 제작한 천문 관측 기계와 시계는 ① 대소간의(大小簡儀), ② 혼의혼상(渾儀渾象), ③ 현주일구(懸珠日晷), 천평일구(天平日晷), 정남일구(定南日晷), 앙부일구(仰釜日晷) 등의 해시계류, ④ 일정성시의(日星定時儀), ⑤ 자격루(自擊漏)로서 모두 다섯 종류이다.

세종대왕이 세종실록에 기록된 장영실의 평가를 보면 매우 뛰어난 면을 다시금 되짚어볼 수 있다.[1]

"영실의 사람됨이 비단 공교한 솜씨만 있는 것이 아니라 성질이 똑똑하기가 보통보다 뛰어나서, 매일 강무(講武)할 때에는 나의 곁에 두고 내시를 대신하여 명령을 전하기도 하였다. 그러나 어찌 이것을 공이라고 하겠는가. 이제 자격궁루(自擊宮漏)를 만들었는데 비록 나의 가르침을 받아서 하였지마는, 만약 이 사람이 아니었다면 결코 만들어 내지 못했을 것이다."

세종실록 세종 15년 9월 16일

---

1)  https://www.ir52.com/yangys/results.asp?smenu＝yangys&stitle＝results

## 물시계, 해시계의 발명

물시계

해시계

관청의 노비로 있으면서 1400년 영남지방에 가뭄이 들자 강물을 끌어들여 가뭄을 이겨내게 한 장영실은 그 공로로 동래 현감으로부터 상을 받고 그 후 세종이 전국에 인재를 모으자 동래 현감의 추천을 받아 입궐하게 되었다. 대궐에서 그가 처음 일했던 곳은 활자를 만드는 주자소(鑄字所)였다. 이곳에서 장영실은 많은 논란을 뒤로하고 세종의 인정을 받아 1423년 노비의 신분에서 벗어나 대궐의 일용품을 관리하는 정5품 벼슬인 상의원 별좌라는 벼슬에 오르게 되었다.

이후에도 장영실이 자격루 제작에 성공하자 세종은 공로를 치하하고자 정4품 벼슬인 호군(護軍)의 관직을 내려주려 했는데 이때도 논란이 많았다. 그러나 황희가 "김인이라는 자가 평양의 관노였으나 날래고 용맹하여 태종께서 호군을 특별히 제수하신 적이 있으니, 유독 장영실만 안 된다고 할 수 없다"라고 하자 세종은 장영실에게 호군이라는 관직을 내렸다고 한다.

이때부터 장영실은 종3품 상호군 벼슬에 이르면서 지금까지 우리가 세계에 자랑하는 숱한 과학기술의 업적을 이룩해 내게 되었다.

장영실이 처음 만들었던 과학기기는 천문 관측기구인 간의(簡儀)인데 이 간의로 잰 당시의 한양이 북위 38도 부근으로 밝혀져 정확한 측정기술을 자랑하고 있다.

장영실은 이어 이천, 정철등 학자들의 도움을 받아 1433년 간의를 더욱 발전시킨 혼천의(渾天儀)를 완성시킨다. 그 공으로 정4품인 호군벼슬로 승진하여 자동물시계를 연구하기 위해 명나라로 유학을 다녀온 후, 1434년 정교한 자동물시계인 자격루(自擊漏)를 완성시켰다.

자격루는 물시계에다 정밀한 기계장치를 결합, 때가 되면 인형과 징북종을 이용, 시각과 청각을 통해 자동으로 시간을 알려주는 장치로 장영실이 아니면 만들 수 없을 정도로 정밀한 시계였다. 자격루가 망가졌어도 그가 죽은 후 고칠 만한 사람이 없어 제대로 이용하지 못하다가 100년 후인 1534년에야 복원됐다는 사실이 그 정밀성을 입증해 준다.

장영실이 만들었던 또 다른 걸작은 해시계인 앙부일구와 휴대용 해시계인 현주일구, 천평일구, 정남일구, 일성정시의 시간과 계절을 알 수 있고 천체의 움직임도 관측할 수 있는 옥루(玉漏) 등을 꼽을 수 있다.

장영실은 1442년 세계최초로 측우기를 만들어냈다. 서양에서 카스텔리가 1639년 만든 측우기보다 2백년이나 앞서 만들어졌던 이 측우기는 강우량을 정확히 측정하기 위해 측우기의 크기, 빗방울이 떨어질 때 생기는 오차까지 고려해 만든 과학적인 것으로 현재 WMO(세계기상기구)가 정한 측정오차에도 합격할 만큼 뛰어난 업적이었다.

장영실은 또 한강과 청계천의 수위를 측정할 수 있는 수표(水標)를 제작, 측우기와 함께 당시 농업기상학의 전기를 마련했다.


## 천문학에서의 활약


그 후, 세종대왕의 명에 따라 1432년부터 1438년까지 이천(李蕆)이 책임지러 추진하고 있었던 천문 기구 제작 프로젝트에 장영실도 참여하였다. 그 과정에 수력에 의해 자동으로 작동되는 물시계인 자격루(일명 보루각루, 1434년)와 함께 옥루(일명 흠경각루, 1438년)를 만들어 세종대왕으로부터 총애를 받았다. 이때 제작된 옥루는 해가 뜨고 지는 모습을 모형으로 만들어 시간, 계절을 알 수 있었고, 천체의 시간과 움직임도 관측할 수 있는 장치이며, 이를 흠경각(欽敬閣)을 새로

지어 그 안에 설치하였다. 이때 만들어진 천문 기구에는 천문 관측을 위한 기본 기기인 대간의(大簡儀), 소간의를 비롯하여 휴대용 해시계인 현주일구(懸珠日晷), 천평일구(天平日晷), 방향을 가리키는 정남일구(定南日晷), 혜정교(惠政橋)와 종묘(宗廟) 앞에도 설치한 공중시계인 앙부일구(仰釜日晷), 밤낮으로 시간을 알리는 일성정시의(日星定時儀), 규표(圭表) 등이 있다. 이러한 공적으로 1433년(세종 15년)에는 정4품 호군(護軍)이라는 관직을 부여받았다.


## 금속 활자 발명에 참여

　　1434년(세종 16년)에는 구리로 만든 금속활자인 갑인자의 주조에 총책임자인 이천이 추진하고 있었던 프로젝트에 장영실도 함께 참여하였다. 갑인자는 약 20여만 자에 달하며 하루에 40여 장을 찍어도 자본이 흐트러지지 않았고 판본이 깨끗하였다. 그 전에는 두 장만 찍어도 자본이 흐트러져서 자본을 교정한 후에 다시 찍을 수 있었기 때문에 크게 발전한 것이다.


## 장영실의 노년

　　천문기구 제작이 끝난 후에도 장영실은 금속제련 전문가로 관료생활을 계속하였다. 장영실의 나이 약 53세였던 1442년 3월(세종 24년)에 세종대왕이 온천욕을 위해 이천을 다녀오던 중에 사고가 발생하였다. 세종대왕이 타고 있는 어가가 갑자기 부서지는 사고가 발생한 것이었다. 당시 기술자로서는 극히 드문 벼슬인 정3품 상호군(上護軍)이라는 책임을 지고 있던 사람이 바로 장영실이었다. 조정에서는 이 사고의 책임을 장영실에게 물었다. 사고가 발생한 것은 임금에 대한 불경죄로 간주하고 의금부에서 책임을 물어 곤장 80대와 삭탈관직을 구형하였다. 이를 세종대왕은 장영실의 공적응 고려하여 형벌에서 2등급을 감경하여 주었다고 한다. 장영실은 이후 역사에서 자취가 완전히 사라져서 그 행적을 충분히 알 수 없다는 점이 아쉽다.


## 장영실에 대한 평가

장영실은 생존 당시의 시대의 미천한 신분에 대한 사회적인 편견을 넘어서서 창의력과 도전정신을 발휘한 인물이었다. 서양보다 무려 200년이나 앞선 세계 최초의 강우량 측정기인 측우기, 천체 운행과 그 위치를 측정하는 혼천의, 자동계측기를 갖춘 물시계인 자격루, 하천의 범람을 미리 알 수 있도록 한 수표, 그리고 기존 동활자의 단점을 보완한 금속활자인 갑인자 등 우리나라 과학기술사에 길이 남을 역작을 쏟아낸 인물로 평가되고 있다.

장영실은 동래현 소년 관노로 있던 시절에도 일을 마치면 틈틈이 병기창고에 들어가 병장기와 공구들을 말끔히 정비하였다고 한다. 자신의 신분을 탓하거나 좌절하기보다는 현실에 집중하고 성실히 임했던 것으로 보아 매사에 최선을 다하는 그의 마음가짐이 엿보이는 대목이다. 스스로의 한계를 설정하지 않고 매사에 성실하게 최선을 다하는 인성 때문에 현감의 신임을 얻고 세종에게 발탁된 것이 가능하였다고 짐작된다.

누구나 자신만이 가진 두뇌의 특별한 재능이 있는데, 장영실은 그러한 자신의 재능을 극한까지 키워간 인물이었다. 사농공상의 엄격한 신분제도하에서 노비라는 사회적 장벽에는 아랑곳하지 않은 채 오직 자신만이 잘 할 수 있고, 보람을 찾을 수 있는 길을 묵묵히 걸어갔고, 끊임없이 새로운 정보를 받아들였으며, 시대를 뛰어넘는 창의적 산물을 만듦으로써 시대를 탈바꿈시켜 놓았다. 이는 장영실의 인성과 창의성과 전문성을 제대로 보여주고 있다.

## 장영실상(IR52)[2]

'장영실'은 우리나라의 대표적인 과학자로서 그의 업적을 기리고, 그 이름을 따서 신제품개발에 공헌한 연구개발자들의 노고를 높이 평가하기 위하여 제정된 상이 'IR52 장영실상'이다. 'IR'은 산업연구(Industrial Research)의 약자로 기업의 연구성과를 발굴한다는 의미를 담고 있다. '52'는 1년 52주 동안 매주 1개 제품씩을 시상하는 원칙을 나타낸다.

우리기업과 기술연구소에서 개발한 우수신기술 제품 및 기술혁신 성과가 우수한 조직을 선정·포상함으로써 기술개발자의 사기를 높이고, 수상제품 및 기술혁신 활동에 대한 언론홍보를 통해 초기시장진출 기반을 조성하고 혁신활동의 확산을 제고하는 데 있다.

나아가 "최우수 IR52 장영실상"을 선정하여 대통령상과 국무총리상으로 포상하는데, 1991년부터 시행되고 있다. 이 상은 당해연도 IR52 장영실상 수상제품 52개 중에서 기술적·상업적 성과와 파급효과가 뛰어난 제품을 선정하여 민간기업의 지속적인 기술개발 풍토확산 및 연구개발자의 사기 진작에 더욱 기여하도록 격려하는데 그 목적이 있다.

---

2)  https://www.ir52.com/yangys/summary.asp?smenu=yangys&stitle=summary

# 03    인터넷시대의 개척자, 빌 게이츠(Bill Gates)

빌 게이츠(1955~   )

오늘날 에디슨에 의하여 발명된 전기라는 발명품이 없는 세상을 상상할 수 없듯이 빌 게이츠에 의하여 발명된 인터넷(Internet)이 없는 세상을 상상하는 것은 이제 불가능하다. 그러나 1990년대 중반에 처음으로 일반 대중에게 소개된 인터넷은 당시 일반인들에게는 자신들의 삶의 양식을 어떻게 바꾸어 놓을지 아무도 상상할 수 없었다고 생각된다. 초기의 컴퓨터나 인터넷은 고도로 전문화된 업무를 처리하기 위해, 관련 연구를 하는 데 사용하였던 도구에 불과하였다. 그러나 이제는 재미있는 영상을 검색하거나, 게임을 하거나, 일상의 정보를 습득하기 위하여 날마다 보편적으로 인터넷을 사용하는 시대가 되어 버렸다.

아침에 눈을 뜨고, 저녁에 잠들 때까지 인터넷을 사용한다. 메신저를 확인하고, 업무를 하며, 휴식과 운동을 하는 데까지 인터넷의 도움을 받고 있다. 오히려 인터넷이 없으면 마음 한쪽이 허전하고 불안할 정도에 이르렀다. 이러한 증상에서 벗어나기 위해 일부 사람들은 '디지털 디톡스' 기간을 정해 자신에게 온전히 집중하는 시간을 갖는 것이 매우 중요하다고 주장하기도 한다.

## 가족과 학창시절

　　빌 게이츠는 중학생 때 마치 문제아인 것으로 알려지기도 하였지만, 그는 여러 가지 재능이 있어서 하버드대학교에 입학하였다. 그러나 대학생활을 1년도 하지 못하고 컴퓨터회사를 만들겠다고 대학을 중퇴하였다. 사실 빌 게이츠는 중학교 3학년 때 일반인들에게는 전혀 생소한 컴퓨터를 구입해서 학생들에게 보여주었다고 하니 문제아가 세계 최고의 인재가 될 수 있었던 이유는 우연이 아니었다고 생각된다. 세계 최고의 인재가 되는 데는 어떤 일에 남다른 관심이 있었다는 점과 그가 가진 재능이 그 관심을 뒷받침하였다는 점이 상승작용을 하였다고 생각된다. 빌 게이츠가 이러한 관심과 재능으로 인하여 탁월한 인재로 탄생하였다는 것을 보여주고 있다.

　　빌 게이츠의 아버지는 시애틀 최고 법률 회사를 운영하던 저명한 변호사였으며, 어머니는 미국의 은행인 퍼스트 인터스테이트 뱅크시스템과 비영리 단체 유나이티드 웨이의 이사회 임원으로 있었기 때문에 가정형편은 매우 부유한 편이었다. 빌 게이츠는 1955년 10월 28일 미국 워싱턴 주 시애틀 시에서 태어났으며, 현재 생존 중이다. 부모와 함께 살던 가족으로는 한 살 위의 누나와 아홉 살 아래의 여동생이 있다. 배우자 멀린다 게이츠와 1994년 혼인하여 2021년 이혼하였으며, 자녀로는 피비 아델 게이츠, 제니퍼 게이츠, 로리 존 게이츠 3명이 있다.

　　빌 게이츠는 신동의 기질을 타고 났다고 여겨졌다. 성당의 신부가 박람회에 데려가는 조건으로 내건 성경의 산상수훈(마태복음 5장에서 7장에 해당하는 내용이다)을 완벽하게 외운다든지 수학적으로 뛰어난 재능을 보여 일찍이 천재성을 인정받았다고 한다. 또한 식탁에서도 책을 놓지 않아 부모가 늘 나무랐다고 할 정도로 엄청난 독서광이었다고 한다.

　　레이크사이드 고등학교에 다닐 때부터 컴퓨터에 두각을 나타냈는데, 언젠가는 폴 앨런과 함께 학교 단말기에 연결되어 있던 중앙컴퓨터를 해킹하여, 학교가 지고 있던 빚을 회계장부에서 지워버리는 어처구니없는 짓을 저지르기도 하였다고 한다. 폴 앨런은 빌 게이츠의 친구이자, 마이크로소프트를 설립할 때의 동업자이기도 하다.

하버드 대학교에 입학했는데 주로 컴퓨터과학과의 전신인 응용수학(Applied Math) 과목을 수강하였다고 한다. 마음이 맞는 친구들을 모아 함께 엉뚱한 일을 꾸미고 저지르거나 여러 가지 프로그램을 개발하기도 하고 이 시기에 알고리즘에 관한 논문을 하나 써서 학술지에 싣기도 하였다. 제대로 작동하는 좋은 알고리즘이 그로부터 30년 뒤에야 나왔다고 하니 가히 천재성을 가지고 있었다고 볼 수 있다.

하버드대학교 재학시절 하니웰(Honeywell)이라는 소프트웨어회사에 친구인 폴 앨런과 함께 근무를 한 적이 있었다고 한다. 빌 게이츠와 폴 앨런은 마이크로소프트의 창업을 위해서 하버드대학교를 중퇴하였으나 실제로는 당시 창업한 사업이 제대로 안되면 대학교로 돌아올 생각이어서 휴학을 하였다고 한다. 성공한 빌 게이츠에게는 하버드대학교에서 명예 졸업장을 수여하였다.

## 빌 게이츠와 폴 앨런이 작성한 GW-BASIC 소스 코드

IBM사에서 처음으로 PC를 출시할 때, 마이크로소프트사는 IBM에 PC용 운영 체제를 공급하기로 계약하였다. 시애틀 컴퓨터의 Q-DOS의 판권과 소스 코드, 그리고 Q-DOS의 원작자이자 개발자 팀 패터슨을 영입해서 이름도 MS-DOS로 바꾼 뒤 이를 판매하여 엄청난 매출을 올렸다. 빌 게이츠가 IBM과 맺은 계약은 컴퓨터 역사상 가장 큰 영향을 끼친 계약이었다고 한다. 왜냐하면 이 계약으로 인하여 IBM은 결국 마이크로소프트(MS)에게 엄청난 수익을 가져다 준 꼴이 되고 말았다는 것이며, 이후 윈도우 시리즈를 통해 완전히 OS시장의 주도권을 마이크로소프트가 잡게 되었다.

GW-BASIC의 GW는 초기 마이크로소프트의 직원이었던 그렉 위튼(Greg Whitten, 별명은 'gee-whiz')의 이름 첫 글자를 딴 것으로 알려져 있다. IBM이 PC DOS에 번들로 제공했던 BASICA(Advanced BASIC)를 기초로 마이크로소프트가 개발한 BASIC 인터프리터(원시 언어의 명령을 번역하면서 실행하는 프로그램)를 말한다.

　　마이크로소프트 BASIC이 실제 제품에 탑재된 것은 마이크로소프트 창업자인 빌 게이츠와 폴 앨런이 최초로 개발한 알테어(Altair) 8800용 BASIC 인터프리터까지 거슬러 올라간다. 1970년대 후반부터 1980년대에 걸쳐, 이 인터프리터는 8088, 6502, 6809, Z80과 같은 당시 인기가 높았던 프로세서에 이식되었으며, GW−BASIC 역시 여러 가지 종류 중의 하나였다.


## 1985년, 윈도우(Windows) 1.0 디스켓과 함께

　　윈도우 1.0(Windows 1.0)은 마이크로소프트가 개발한 16비트의 그래픽 운영 환경으로 1985년 11월 20일에 출시되었다. 윈도우 1.0은 마이크로소프트가 PC 플랫폼에서의 멀티 태스킹 그래픽 사용자 인터페이스에 기반을 둔 운영 환경을 처음으로 시도한 것이기도 하다. 하지만 MS−DOS 기반이기 때문에 운영 체제라고 보기는 어렵고, 일종의 소프트웨어에 더 가깝다.[1]

　　마이크로소프트는 애플에게 GUI 특허 사용권을 받아 윈도우 1.0을 1985년에 탄생시켰고 완성도와는 별개로 GUI 방식 컴퓨팅을 전 세계로 확장시키는 데 성공하였다. 이는 빌 게이츠가 1~2년 안에 쓸모가 없어질 애플과의 소프트 웨어에 대한 계약을 갱신하는 것을 활용하여 1985년 11월에 매킨토시 GUI의 영구적인 라이선스를 존 스컬리로부터 얻어 내었기 때문에 가능한 일이었다고 평가되고 있다.

　　보다 자세히 살펴보면, 마이크로소프트는 애플의 소프트 개발을 위해 GUI에 대한 사용권을 받았는데, 해당 라이선스의 만료일이 기입되어 있지 않은 점을 이용하여 마이크로소프트의 OS를 만드는 데에 가져다 썼다. 당연히 애플 측은 해당 라이선스가 1회 용이었다고 주장하였고, 마이크로소프트는 만료일이 기입

---

1) https://ko.wikipedia.org/wiki/%EC%9C%88%EB%8F%84%EC%9A%B0_1.0

되어 있지 않았으므로 영구적인 라이선스를 넘겨받은 것이라고 상호 대립되는 주장을 하여 법적 분쟁이 발생하였다. 이에 애플은 마이크로소프트를 상대로 1988년 저작권을 주장하는 소송을 제기하였으나, 당시 담당 판사는 애플이 '부주의하게' 마이크로소프트에게 1985년에 사용자 인터페이스에 대한 권한을 영구적으로 넘긴 것으로 판결을 내렸다.

또한 애플은 제록스로부터 GUI와 GUI를 위한 기술들에 대한 사용권을 구매하였으며, 자신들이 직접 개발한 GUI 요소에 대한 특허권을 가지고 있었다. 이것을 토대로 마이크로소프트에게 GUI 저작권에 대한 침해에 대하여도 소송을 제기하였다. 이에 빌 게이츠는 제록스에게 도움을 요청하여 제록스가 GUI 원천 특허를 가지고 있음을 소송 담당 변호사들이 발견하도록 하였다. 결국 애플 고유의 GUI 특허들 또한 제록스의 원천 GUI 특허를 바탕으로 만들어진 것으로 인정되어 애플의 GUI 특허는 무효화되어 버렸다.

빌 게이츠는 프로그래머로서의 재능도 탁월하였지만, 사업가로서의 재능 또한 매우 뛰어났다는 점이 마이크로소프트가 오늘날과 같은 세계적인 기업으로 성장하는데 중요 요인이라고 할 수 있다.

빌 게이츠의 가장 큰 업적은 소프트웨어라는 무형의 순수 디지털 콘텐츠를 그 자체만으로 판매될 수 있도록 한 것이다. 빌 게이츠가 자신의 소프트웨어를 하드웨어와는 별도로 판매하기 전까지 모든 소프트웨어는 하드웨어와 결합된 형태 혹은 종합적인 컴퓨팅 서비스의 일부로서만 부가가치를 창출할 수 있었다. 즉, 저작권의 대국이었던 미국에서도 그 이전까지는 무형의 코드 패키지를 그 자체로는 거래의 대상이 되는 상품이 아니라고 생각했었다. 빌 게이츠가 소프트웨어에 대한 배타적인 재산권을 주장하였고, 이를 판매하는 새로운 비즈니스 모델을 확립한 덕분에 현재 전세계의 무수한 상용 소프트웨어 기업들이 존재할 수 있게 되었다고 할 수도 있다. 이런 면에서 보면 빌 게이츠가 고정관념에서 벗어나 새로운 패러다임을 가지고 무형의 지식재산을 유형의 제품과는 별도로 볼 수 있는 시야와 인식이 탁월하였다는 점이 높게 평가되는 점이다.

## 빌 게이츠의 은퇴

빌 게이츠는 2008년 소비자 가전 전시회(Consumer Electronics Show: CES)에서 마지막으로 기조연설을 하였다. CES는 매년 1월에 미국 네바다주 라스베이거스에서 열리는데, 일반 대중에게는 공개되지 않은 새로운 제품과 기술을 선보이는 전시회이다. 미국의 소비자 기술 협회로부터 지원을 받는 전시회에서 수많은 제품에 대한 프리뷰가 쏟아지며 새로운 제품들이 모습을 드러낸다.

빌 게이츠는 2008년 CES 기조연설에서 마이크로소프트 출근 마지막 날이라는 비디오를 보여주면서 대중들의 웃음을 자아냈다. 이 비디오는 당시 미국에서 방영 중인 인기 시트콤 오피스와 클린턴 대통령 임기 종료 파티에서 상영된 코미디 영상을 패러디한 것이었다.


## 복귀와 완전 은퇴

빌 게이츠는 2014년 2월 4일 사티아 나델라 신임 최고경영자(CEO)의 취임을 발표하는 동시에 33년간 재직해 오던 이사회 의장직에서 물러나 '창립자 겸 기술 고문'이라는 새 직책을 맡게 된다고 발표되었다. 이는 경영일선에서 은퇴한 지 5년 만에 현역으로 복귀하는 셈이었다.

빌 게이츠는 2020년 3월 마이크로소프트의 이사직과 투자회사의 직책까지 모두 내려놓으면서, 완전히 은퇴하고 교육 및 자선사업에 전념하겠다고 발표하였다. 하지만 마이크로소프트와의 인연을 완전히 끊는 것은 아니며 회사가 도움이 필요하면 언제든지 돕겠다고 했으며, 당시 마이크로소프트 CEO 사티아 나델라 역시 기술 지도부와 빌 게이츠는 지속적으로 협력할 것이라고 하였다. 이는 이사로서 경영에 대한 기본적인 영향력까지 모두 내려놓고 기술 지원만 지속하겠다는 모양이 되었다.

## 이혼

마이크로소프트(MS)의 공동 창업자 빌 게이츠는 멀린다 프렌치 게이츠와 27년간의 결혼 생활 끝에 이혼에 이르게 되었다. 빌게이츠와 멀린다는 2021년 8월 공식적으로 미국 워싱턴주 킹카운티 법원에서 "빌 게이츠 부부의 결혼 생활이 돌이킬 수 없을 정도로 파탄났다"라고 판결을 받아 최종적으로 이혼이 승인되었다.

두 사람은 약 175조원에 달하는 빌 게이츠의 재산의 분할과 관련하여 최종 합의에 도달했으나 세부 내용은 공개되지 않았다. 다만, 그들은 빌 & 멀린다 게이츠 재단을 통해 자선 활동에 계속해서 함께하고 있다.

## 기부와 선행

마이크로소프트 공동창업자이자 자선사업가인 빌 게이츠는 마이크로소프트를 세계적인 기업으로 성장시킨 후 세계적인 기부왕으로 등극할 정도로 대단한 기부를 하였다. 2022년 7월 단일 기부액으로는 사상 최대인 200억 달러(약 25조원)의 기부를 발표하였다. 빌 게이츠의 기부 인생을 살펴보면, 지금은 이혼하여 전 부인이 된 멜린다와 공동으로 운영하고 있는 빌 & 멀린다 게이츠 재단에 기부한 것이었다. 당시 빌과 멀린다의 평생 기부 금액은 무려 550억 달러에 달해 두 사람을 합쳐 사상 최대 금액을 기부한 자선가로 등재되었다. 그 이후 두 사람의 평생 기부 금액은 590억 달러로 올라갔다. 빌 게이츠의 친구로 게이츠 재단에 기부한 워런 버핏의 기부금액은 480억 달러에 달하였지만 이를 능가하고 있는 것이다.

게이츠 재단은 저소득 국가의 감염병 퇴치를 위한 글로벌 펀드와 예방접종률을 높이는 GAVI 백신 제휴, 소아마비와 말라리아를 비롯한 각종 질병을 없애는 사업 등을 후원하고 있다.

빌 게이츠는 자신이 사망한 뒤에는 현재 3명의 자녀들 제니퍼, 로리, 피비에게 유산의 0.02%만 물려주겠다고 발표하였다. 빌 게이츠의 재산 0.02%도 1,000만 달러(한화로 약 110억원)에 이르기 때문에 일반인으로서는 상상하기 어려운 금액이다.

## 빌 게이츠의 명언

빌 게이츠가 그동안 많은 곳에서 말한 것 중에서 우리에게 교훈이 될 만한 것을 골라서 제시한다면 다음과 같다. 누구에게는 명언이라도 누구에게는 전혀 감동이 없는 이야기가 될 수도 있다. 그러나 타산지석이라고 타인의 말에 공감하면 나의 삶의 교훈으로 삼으면 매우 유익할 수 있다.

① 난 어려운 일을 게으른 사람에게 맡긴다. 그는 게으르기 때문에 일을 쉽게 처리하는 방법을 찾아낸다.

② 텔레비전은 실제 삶이 아니다. 실제 삶을 사는 사람은 커피숍에서 머물 시간이 없다. 일터로 향해야 한다.

③ 자신을 그 누구와도 비교하지 마라. 자기 자신을 모욕하는 행동이다.

④ 난 시험에 F를 맞은 적이 몇 번 있다. 내 친구는 모든 시험을 통과하였다. 그는 지금 마이크로소프트에서 엔지니어로 일하고 있다. 난 마이크로소프트 주인이다.

⑤ 좋은 제품을 만들 수 없다면 적어도 좋은 제품처럼 보이게 만들어야 한다.

⑥ 불만이 가장 많은 고객으로부터 배울 게 가장 많다.

⑦ 가난하게 태어난 건 그 사람의 잘못이 아니지만, 가난하게 죽는 건 그 사람의 잘못이다.

⑧ 성공은 형편없는 선생님이다. 똑똑한 사람들을 실패할 수 없다는 착각에 빠뜨린다.

⑨ 인생은 공평하지 않다. 그 사실에 빨리 익숙해지는 게 상책이다.

⑩ 절대 오늘 일을 내일로 미루지 말라. 하찮은 일이란 없다. 작은 일부터 시작하라. 성공의 핵심 요소는 바로 인내심이다.


미국의 인터넷 경제지 '아이엔씨닷컴'은 빌 게이츠의 성공요인으로 ▲항상 배우려는 자세 ▲왕성한 독서 ▲충분한 잠 ▲인재의 선택과 동료에 대한 신뢰 ▲현금의 확보와 신중한 관리 ▲실수를 빨리 깨닫고 대책을 세우는 것 등을 꼽았다.

빌 게이츠는 언젠가 "오늘의 나를 있게 한 것은 우리 마을 도서관이었다. 하버드대학교 졸업장보다 소중한 것이 독서하는 습관이다"라고 말했고, 대학에서는 다양한 강의를 청강하였다고 한다.

# 천재적인 음악가, 볼프강 아마데우스 모차르트

모차르트의 음악을 영재교육 음악이라고도 하고 치유 음악이라고도 널리 알려져 있다. 어릴 때부터 모차르트의 음악을 많이 들으면 두뇌발달에 큰 도움이 되기도 하고, 마음의 병을 치유하는 데도 도움이 된다고 한다. 즉, 현대와 같이 복잡하고 스트레스를 많이 받는 시대를 살아가는 사람들에게 '힐링'에 적합한 음악이 모차르트의 음악이라고도 한다.

모차르트는 대부분의 곡을 장조로 작곡하였으므로, 음악을 듣는 사람들은 모차르트가 언제나 밝고 행복할 것이라고 짐작한다. 모차르트의 자아가 태양을 품은 아이처럼, 어떠한 어려움이 닥쳐도 스스로에게 늘 그대로의 긍정적인 에너지를 내뿜게 한다는 것이다.

모차르트는 음악적인 천재로 손꼽히기도 하지만 그의 작품은 모두 완전하고 자연스럽다고 평가되고 있다. 음악학자들은 그가 이미 10세에 하이든의 50세 때의 작곡기법을 보여주었다고들 한다. 곡을 만들기 위한 어떤 수고로움조차 없는 것처럼 완벽하게 아름다운 멜로디를 찾아내어 그의 생명이 다하는 날까지 작곡하였다는 것이다.

볼프강 아마데우스 모차르트(1756~1791)

## 출생과 가족관계

볼프강 아마데우스 모차르트(Wolfgang Amadeus Mozart)는 1756년 1월 27일 출생하여 1791년 12월 5일 사망한 오스트리아의 서양 고전 음악 작곡가이다.

오스트리아 잘츠부르크에서 아버지 레오폴트 모차르트와 어머니 안나 마리아 모차르트의 7남매 중에 태어났고, 그중 5명은 어린 나이에 죽고 누나 마리아 안나 모차르트, 일명 '나넬'만이 남아 있었다. 아버지인 레오폴트 모차르트는 잘츠부르크 궁정 관현악단의 카펠마이스터였는데, 볼프강의 누나인 나넬에게 일곱 살일 때부터 건반악기를 가르쳤다. 볼프강은 세 살 때부터 누나를 보고 스스로 건반을 다루고 연주하는 법을 터득하였다고 한다. 아버지 레오폴트 모차르트는 어린 아들의 재주를 알아보았고, 볼프강에게 직접 피아노와 바이올린을 가르쳤다고 한다.

궁정 음악가였던 아버지 레오폴트 모차르트에게 피아노와 바이올린을 배웠고, 그 후 요한 세바스티안 바흐의 아들로 잘 알려진 요한 크리스티안 바흐에게 작곡법과 지휘를 배웠다. 그는 음악 역사상 가장 위대한 작곡가 중 한 명으로 여겨지며 35년이라는 짧은 생애 동안 수많은 교향곡, 오페라, 협주곡, 소나타를 작곡하였다. 오늘날 모차르트는 "음악의 신동"이라는 별칭으로 불리며 널리 존경받고 있다.

## 모차르트의 천재적인 재능

어린 볼프강은 네 살 때 여러 곡을 배웠으며, 다섯 살 때 작곡을 하기 시작하였다. 현대에는 이 기록을 그대로 믿지는 않지만, K. 1a, b, c가 몇 주 이내에 작곡되었다는 사실에는 대부분 동의한다.

사람들은 어린 모차르트의 작곡을 믿지 못했기 때문에 집에서 그를 시험하기도 하였지만, 모차르트는 그 사람들에게 뛰어난 작곡 실력과 재능을 보였고, 사람들은 비로소 모차르트의 천재적인 재능을 믿기 시작하였다는 일화도 있다.


## 연주 여행

아버지 레오폴트의 교육열은 대단하였는데, 특히 6세 때 뮌헨으로 데려가면서 유럽 각지로 연주 여행을 보내 여러 작곡가와 교류하고 배우게 하였다. 1763년부터 1766년까지 독일 여러 도시는 물론 파리, 런던 등을 돌며 많은 작곡가와 교류한 서유럽 일주는 모차르트에게 부담과 동시에 큰 영향을 주었으며, 특히 1764년에서 1765년 사이 영국 런던에서 요한 크리스티안 바흐에게 작곡 등을 배우게 되면서 많은 영향을 받았다. 이후 모차르트는 수차례 이탈리아를 여행하며 음악을 공부하였는데, 마르티니에게서 음악이론을 배운 것을 비롯해 다양한 교향곡과 오페라를 접하는 기회가 되기도 하였다. 또한 어머니 안나 마리아 모차르트와 함께 한 여행에서 만하임, 파리 등을 다니며 여러 작품을 남기기도 하였다.


## 잘츠부르크에서의 궁정음악가로 활동

어릴 때부터 여러 대도시와 궁정에서 연주를 보인 모차르트는 잘츠부르크에 머물며 궁정음악가로 활동하였었으나 그의 자유분방한 성격은 궁정과 여러 갈등을 일으켰고, 결국 대주교와의 불화를 계기로 1781년 빈으로 떠나 이후 죽을 때까지 이곳에 머무른다. 그곳에서 콘스탄체라는 여인과 사랑에 빠진 모차르트는 가족의 반대에도 불구하고 1782년 결혼을 성사시켰다.

## 루트비히 판 베토벤과의 만남

모차르트는 1756년생이고, 베토벤은 1770년생이므로 두 사람이 함께 있었던 장소와 시기는 1787년 오스트리아 빈이라고 할 수 있다. 당시 모차르트(31세)는 유럽 전역에서 인정받고 있던 최고의 천재적인 음악가였고 베토벤(17세)은 빈으로 유학 온 청년에 지나지 않았다.

두 사람의 만남은 모차르트 전기 작가인 오토 얀(Otto Jhan)의 저서에 나와 있는 것이 유일하다. 레슨을 받으러 온 베토벤에게 모차르트는 즉흥곡을 요청했고 베토벤은 즉석에서 연주하였다. 즉흥곡에 있어서는 이미 정평이 나 있던 베토벤의 연주를 들은 모차르트는 크게 놀라며 주변인들에게 이렇게 얘기했다고 한다. "저 친구를 주목하게. 나보다 더 유명한 예술가가 될 거라네"

모차르트는 베토벤이 자신의 곡을 즉흥적으로 또 다른 작품으로 훌륭히 소화하자 칭찬을 아끼지 않았으며, 교육비를 일절 거절하고 베토벤을 가르치는 데 전념하였다고 전해진다.

그러나 베토벤은 어머니의 사망 소식을 듣자 모차르트에게 작별인사를 하고 빈을 갑작스럽게 떠났다고 한다. 만난 지 불과 한 달만의 일로 이것이 두 거장의 마지막 만남이었다고 한다. 오늘날 베토벤과 모차르트가 만났다는 일화에 대한 신뢰성은 인정받지 못하고 있는 이유는 오토 얀이 저술한 모차르트의 전기가 유일하기 때문이다.

모차르트는 "초안을 하지 않는 천재"라고 미화되어 있지만, 사실 자필 악보에는 완성·미완성 곡을 포함하여 초안 및 수정의 흔적이 꽤 발견되고 있다. 그리고 그는 종종 스케치와 초안을 만들었지만, 베토벤과는 달리, 그의 아내가 그의 죽음 후에 그것들을 없애려고 했기 때문에 대부분 보존되지 않았다.

모차르트의 죽음과 그 원인에 대해서는 수많은 전설을 비롯하여 학설이 많다. 낭만적인 주장으로는 모차르트의 건강이 점점 약해지면서 그의 모습과 작품들 역시 다가오는 죽음과 함께 쇠퇴하였다는 것이다. 반면에 다른 학자들은 모차르트의 마지막 해가 그에게 성공적이었으며, 그의 죽음이 가족들에게 충격이었다는 점을 들어 그의 죽음이 급작스러웠다고 주장한다. 그의 죽음의 원인 또한 추측이 무성하다. 기록에는 그가 "무수히 난 좁쌀만 한 발열"("hitziges Frieselfieber")로 죽었다고 되어 있는데, 현대의학으로 진단할 수 있는 것에 비해서는 충분한 정보가 되지 못하고 있다. 사인에 대한 학설 중에는 선모충병, 중독, 류머티스열, 덜 익힌 돼지고기에 의한 식중독 등이 있다. 환자의 피를 뽑았던 당시의 의술도 모차르트의 죽음을 앞당기는 데에 이바지하였다고 본다. 볼프강 아마데우스 모차르트는 1791년 12월 5일 오전 0시 55분경에 죽었다. 아내 콘스탄체는 모차르트가 완성하지 못한 작품 레퀴엠의 완성을 여러 제자에게 맡겼으나 끝내 완성하지 못하다가 결국 프란츠 크사버 쥐스마이어가 완성하였다.

모차르트가 가난과 무관심 속에서 죽었다는 이야기가 흔하나, 그에게는 나름 만족할 만한 수입이 있었다는 주장도 설득력 있다. 예컨대 모차르트는 체코 프라하 같이 멀리 떨어진 곳에서 꾸준한 작곡 의뢰를 받기도 하였다. 그가 말년에 전성기 때만큼의 명성을 누리지는 못했던 근거로 돈을 꿔 달라고 쓴 편지가 들리기도 하지만 또 통설에 의하면 이는 단순히 수입이 부족해서가 아니라 모차르트의 방탕함 때문이었을 것으로 추정된다. 그 실례로 모차르트가 입은 옷은 보석들로 치장된 화려한 의상이었으며 도박으로 돈을 낭비하기도 하였다고 한다.

모차르트는 죽은 후 빈 외곽의 성, 마르크스 묘지에 묻혔다. New Groove에 따르면 그가 여러 사람과 함께 묻힌 것은 사실이나 이는 가난에 따른 것이 아니라 당시 빈의 중산층의 일반적 장례 풍습대로였다. 묘비가 나무였던 것 또한 당시 오스트리아 빈 중산층의 흔한 장례 풍습에 따른 것이었다고 하는데, 실제로 당시 빈에서는 화려한 장례가 엄격히 금지되었다. 전설에 따르면 장례식 날 비가

오고, 천둥이 쳤다고 하나 위 출처에 따르면 사실은 구름 한 점 없는 쾌청한 날이었다고 한다. 현재 모차르트의 무덤의 위치를 알 수 없는 것은 성 마르크스 묘지가 더 많은 묘지를 수용하기 위해 이장을 거듭하였기 때문이다. 아내 콘스탄체 모차르트는 남편이 죽은 후 추모 음악회, 미발표 작품의 출판 등으로 경제적으로 성공하였다. 1809년 그녀는 덴마크 출신의 외교관이던 게오르크 니콜라우스 폰 니센(Georg Nikolaus von Nissen)과 재혼하였다. 그들은 덴마크로 이주하였다가 오스트리아 잘츠부르크로 돌아와 여생을 마감하였다. 콘스탄체와 새 남편은 모두 모차르트에 대한 전기를 남겼다.

## 모차르트의 음악의 특징

모차르트는 여러 장르의 많은 음악 작품을 남겼다. 그의 많은 작품 가운데 특히 오페라, 피아노 협주곡, 교향곡, 그리고 현악 사중주와 현악 오중주 작품들이 유명하다. 모차르트는 또 피아노 솔로와 여러 형태의 실내악, 미사곡 및 여러 종교 음악, 무곡, 디베르티멘토 등도 작곡하였다.

모차르트의 창작 활동 가운데서 오페라와 함께 중요한 위치를 차지하는 것은 교향곡이며, 9세 무렵부터 시작된 교향곡의 작곡은 모두 약 50곡의 작품을 완성하였다. 빈 시대의 6곡은 모차르트의 교향곡뿐만 아니라 고전파 교향곡의 종극을 나타내는 것이다. 세레나데로 쓰여졌으면서도 교향곡으로 전용할 수 있었을 만큼의 형식 내용을 가진 〈하프너〉(K.385), 아다지오의 서주를 지니고 하이든 적이라는 평가를 받는 〈린쯔〉(K.425), 역시 서주가 있는 3악장제의 〈프라하〉(K.504) 뒤에 만들어진 이른바 〈3대 교향곡〉은 제각기 그 개성적인 작품으로서 두드러진다고 평가되고 있다.[1]

장르의 발전과 완성이라는 점에서 교향곡 이상으로 중요한 것은 협주곡이

---

1) http://www.ilsongmedia.com/bbs/board.php?bo_table=commu_06&wr_id=161

다. 특히 50곡이나 되는 협주곡 작품 가운데에서 약 반을 차지하는 클라비어협주곡은 그 대부분이 클라비어 주자로서의 모차르트 스스로가 연주를 목표로 해서 쓰여진 것이나, 고전파 협주곡의 형성적인 발전과 완성을 역력히 나타내고 있다. 특히 빈 시대에 많이 작곡되었다. 잘츠부르크 시대의 E♭장조(K.271)나 만년의 D장조 〈대관식〉(K.537), 그리고 사망한 해에 쓰여진 B♭장조(K.595)가 널리 알려져 있다.

실내악의 장르에도 다종다양한 작품이 있다. 5중주 곡은 수가 적으나 뛰어난 곡이 많다. 현악 5중주곡은 주로 만년에 작곡되었으며 특히 G단조(K.516), C장조(K.515), 혹은 D장조(K.593)가 유명하나 G단조는 같은 조의 교향곡(K.550)과 아울러 단조 작품의 쌍벽으로 불리고 있다.

## 모차르트가 받은 영향

모차르트의 유년기는 궁정 바이올리니스트인 아버지 레오폴트의 교육으로 클라비어에 숙달하여 유럽 각지를 일찍부터 순회 연주도 하였다. 당시 유럽의 각지에서는 여러 가지 새로운 양식적 시도가 있었으므로 모차르트의 여행은 그러한 새로운 예술적 동향에 직접 접할 기회를 부여받고 그의 창작능력에 지대한 영향을 미쳤던 것이다. 이처럼 그가 일찍부터 부친의 천재교육과 유럽의 연주여행에서 직접 체험하고 또한 그기 받은 중요한 영향을 살펴보면 대강 아래와 같다.

### (1) 잘츠부르크 음악

어린 모차르트가 출생지에서 받은 영향은 그의 예술적 소질을 형성하였다. 잘츠부르크의 음악은 결코 깊이가 있다고는 할 수 없으나 우아함이 감도는 경쾌감이 특징으로서, 이 지방의 작곡가 요제프 하이든의 동생 미하엘 하이든의 음악에 기조를 이룩하기도 하였다.

### (2) 파리의 음악

1763년에서 1764년, 파리에서 알게 된 요제프 슈베르트, 에카르트(Eccard), 르그랑(Legrand)의 영향을 받아 당시 파리를 휩쓸던 우아하고 경쾌한 클라브생 음악에서 감명을 받았다.

### (3) 요한 크리스티안 바흐

1764−5년 영국에 체재하는 동안에 바흐의 막내아들 크리스티안의 교향곡에서 배운 것이 많았다. 이 시기에 쳄발로(독일어: Cembalo)는 피아노의 전신인 건반 악기인데, 16세기부터 18세기에 걸쳐 가장 번성한 건반악기이다. 이 쳄발로 소나타 곡을 편곡한 '쳄발로 협주곡' 3곡을 작곡하였다.

### (4) 이탈리아 음악

1770년 이탈리아를 여행하는 동안에는 마르티니 신부로부터 직접 지도를 받아 엄격한 대위법 음악에 대한 흥미를 더하였다.

### (5) 전(前)고전파의 작곡가들

1773년 여름동안 오스트리아의 빈을 여행하는 동안에는 하이든, 바겐자일, 몬 등의 견고한 구성미의 음악에 결정적인 자극을 받아 독일 음악을 재인식하였다.

### (6) 갤런트 양식

미하엘 하이든의 우아한 작풍에 감명을 받고 모차르트의 선천적인 음악적 기질과도 어울려 우아한 표현이 개화하였다. 미하엘곡의 작품 중에는 쾨헬목록에 잘못 포함되어 있는 곡도 있다.

### (7) 요제프 하이든

모차르트가 1781년 빈에 정착한 뒤부터 직접적인 교류에 의하여 한층 그 유대가 강해졌으며 그는 1782~1785년에 걸쳐 작곡한 6곡의 현악 4중주곡 〈하이든 4중주곡〉을 하이든에게 바쳐 감사를 표하였다.

## 쾨헬 번호

오스트리아의 식물학자이자 음악사학자인 루트비히 폰 쾨헬(Ludwig von Köchel, 1800~1877)이 1862년에 당시 알려진 모차르트의 작품을 시대순으로 정렬하여 라이프치히의 음악출판사 브라이트코프 운트 헤르텔에서 처음 출판하였다. 이는 모차르트의 작품을 시대 순으로 정리한 번호인 케헬번호라고 하며, 독일어로 Köchel－Verzeichnis(KV), 영어로 Köchel Number(K)라고 한다.

쾨헬은 알려진 많은 곡들을 연대순으로 정렬하는데 성공하였지만 초기 작품들은 작곡 연도를 전혀 추정해내지 못해서 일부는 짐작으로 정리하여야 하는 한계도 있었다고 한다.

## 모차르트의 전설 같은 일화들

모차르트는 전설같은 일화들을 많이 가지고 있는 작곡가이다. 예를 들어 모차르트가 남긴 레퀴엠이 스스로를 위한 것이라는 것인데, 많은 작가들이 이 이야기에 영감을 받아 글을 썼지만, 진실을 밝히기 위한 학자들의 연구에는 방해가 되는 것이다.

유명한 일화 중의 하나는 모차르트가 안토니오 살리에리와 경쟁 관계에 있었으며 살리에리가 모차르트에게 독약을 먹여 죽였다는 이야기인데, 이것은 알렉산드르 푸시킨의 연극 《모차르트와 살리에리》, 니콜라이 림스키코르사코프의

오페라 《모차르트와 살리에리》, 피터 셰퍼의 연극 《아마데우스》의 주제로 다뤄졌다. 《아마데우스》는 영화로 만들어져 여덟 개의 아카데미상을 받았다. 많은 사람들이 셰퍼의 연극에서 모차르트가 천박하고 촌스럽게 그려졌다 하여 이를 거짓 과장이라 비난하였다.

다른 일화는 모차르트의 음악적 천재성에 대한 것이다. 영화 《아마데우스》에서 그려진 것처럼 모차르트가 영감을 받아 머릿속에서 음악을 완성한 다음 한 번도 고치지 않고 써내려 갔다는 것이다. 실제로는 한 번에 거침없이 작곡하는 것이 아닌 신중하고 노력하는 작곡가였다고 한다. 그의 음악적 지식과 기법은 오랜 시간 동안 이전 시대의 음악을 연구함으로써 나온 것이라는 점이다. 실제 그는 젊은 시절에 당대 내려오던 작품들을 분석하지 않은 게 거의 없었다 할 정도로 엄청난 노력을 하였으며, 한편으로는 '표절의 천재'라는 비아냥과 오명에 대해서도 평생 동안 치열하게 싸워왔다고도 한다.

## 모차르트가 후세에 준 영향

모차르트는 감정과 감각이 극도로 예민하여 당시의 각종 음악 양식을 부드러운 태도로 흡수, 여기에 개성의 심오한 특성을 반영하여 독일 고전주의 음악의 정수를 표현함으로써 후세에 결정적인 영향을 끼쳤다. 그의 교향곡은 그 개성적인 창작이 베토벤에게 이어졌고, 가극은 베버에 의하여 계승되었다.

조아키노 로시니는 모차르트가 "천재성만큼 지식을 가지고 있으며, 지식만큼 천재성을 가지고 있는 유일한 음악가"라고 말하였다.

루트비히 판 베토벤은 그의 제자 페르디난드 리스에게 자신이 모차르트의 피아노 협주곡 24번의 1악장의 주제만큼 대단한 선율을 생각해낼 수 없다고 말하였다. 베토벤이 모차르트에게 보내는 경의로 쓴 작품이 있는데, 마술 피리의 주제에 의한, 첼로와 피아노를 위한 두 개의 곡과 모차르트의 피아노 협주곡을 위해 쓴 카덴자 등이 그것이다. 모차르트는 베토벤을 만나고 나서 그를 칭찬한

적이 있었다.

　표트르 일리치 차이콥스키는 모차르트를 위해 《모차르티아나》를 썼으며, 구스타프 말러는 모차르트의 이름을 부르다 죽었다. 막스 레거의 가장 널리 알려진 작품인 《모차르트의 주제에 의한 변주곡과 푸가》는 모차르트의 피아노 소나타 11번에 의한 것이다.

# 05  상대성이론의 창시자, 알베르트 아인슈타인

노벨상

노벨상은 오늘날 세계 최고의 권위 있는 상으로 인정받고 있다. 노벨상은 1901년부터 매년(제2차 세계대전 기간과 같은 특수한 상황을 제외하고) 물리학, 화학, 생리의학, 문학, 평화 부문의 업적을 남긴 개인이나 단체에 수여된다. 1968년부터 경제학 분야가 추가되었다.

2022년 10월 14일 기준으로 영국 브리태니커(Britannica)와 노벨위원회 자료를 분석한 결과, 전체 노벨상 수상자는 총 1,190명으로 이들의 국적은 모두 82개국이다.

세계에서 '노벨상'(The Nobel Prize) 수상자를 가장 많이 배출한 국가는 미국으로 나타났으며, 전체 노벨상 수상자 중에서 403명의 수상자를 배출하여 약 34%로 압도적 1위를 차지하고 있다. 미국은 총 406회의 노벨상 수상을 이뤄냈으나 존 바딘(물리학상 2회), 라이너스 폴링(화학상 · 평화상), 배리 샤플리스(화학상 2회)는 2회의 수상으로 인해 수상자 숫자로는 403명이다.

아인슈타인은 42세 때에 노벨물리학상을 받았다. 하지만 30세에 받은 퀴리 부인도 있다. 참고로 2007년도 노벨물리학상을 수상한 2명의 나이는 70세, 71세였다. 1901년부터 시상하기 시작한 노벨상의 수상자들의 나이는 제2차 세계대전 전까지만 하더라도 수상자들의 평균나이는 45세였다. 노벨물리학상을 수상한 아인슈타인의 나이가 42세였던 점을 고려하면 천재적인 물리학자라는 점을 아무도 부인하기 어렵다고 생각된다.

알베르트 아인슈타인(독일어: Albert Einstein, 영어: Albert Einstein)은 1879년 3월 14일 출생하여 1955년 4월 18일 사망한 독일 태생의 이론물리학자로서 역사상 가장 위대한 물리학자로 평가되고 있다.

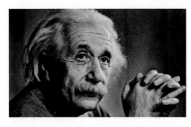

아인슈타인은 독일 제국의 뷔르템베르크 왕국의 울름(Ulm)에서 세속적인 아슈케나즈 유대인 가정에서 태어났다. 그의 부모는 세일즈맨이자 엔지니어인 헤르만 아인슈타인(Hermann Einstein)과 폴린 코흐(Pauline Koch)이다.

알베르트 아인슈타인(1879~1955)

네 살이 되도록 말도 제대로 못하는 지진아였으며, 고등학교 성적이 좋지 않았고 대학 입시에 실패하였다고 한다. 1880년에 가족은 뮌헨으로 이사했고 아인슈타인의 아버지와 그의 삼촌인 제이콥(Jakob)은 직류를 기반으로 전기 장비를 제조하는 회사를 설립하였다.

아인슈타인은 독일에서 태어났지만 1895년 스위스로 이주하여 이듬해 (뷔르템베르크 왕국의 시민으로서) 독일 시민권을 포기하였다. 1897년, 17세의 나이로 취리히 연방 공과대학교의 수학 및 물리학 교직 과정에 입학하여 1900년에 졸업하였다. 1901년에 스위스 시민권을 취득하여 평생 유지했으며, 1903년 그는 베른에 있는 스위스 특허국 사무소(Swiss Patent Office)에서 정규직으로 일하였다. 1905년에, 그는 취리히 대학교에서 박사학위를 받았다. 1914년에, 아인슈타인은 프로이센 과학 아카데미와 훔볼트 대학교에 합류하기 위해 베를린으로 이주하였다. 1917년, 아인슈타인은 카이저 빌헬름 물리학 연구소의 소장이 되어 다시 독일 시민이 되었다.

　　아인슈타인은 5세부터 3년 동안 뮌헨에 있는 카톨릭 초등학교에 다녔으며, 8세에 그는 루잇폴드 김나지움(Luitpold Gymnasium, 지금은 Albert Einstein Gymnasium으로 알려짐)으로 옮겨 7년 후 독일 제국을 떠날 때까지 고급 초등 및 중등학교 교육을 받았다고 알려져 있다.

　　아인슈타인의 성적표에 교사가 "이 학생은 앞으로 어떤 일을 해도 성공할 수 없을 것으로 판단됨"이라고 써서 보내자, 그의 어머니는 "너에게는 남과 다른 특별한 능력이 있다. 남과 같아서 어떻게 성공하겠니?"라고 용기를 주었다고 한다. 세상을 바꾼 천재 물리학자가 마치 열등생이었던 것처럼 알려져 있는 이야기들이다.

　　그러나 실제로 아인슈타인이 열등생이 아니라 천재성이 있었다는 이야기도 많이 나오고 있다. 아인슈타인이 딱딱한 학교 분위기를 좋아하지 않았다는 것은 사실이라고 한다. 아인슈타인이 어릴 때에 공부를 못하였다는 소문과는 다르게 뒤늦게 발견된 성적표를 보면, 11세 때 대학과정의 물리학을 이해할 정도로 수학, 물리학에 뛰어난 재능을 보였고, 라틴어와 그리스어 성적도 뛰어났다고 한다. 실제로 1929년 한 신문에서 아인슈타인의 학교 성적이 좋지 못했다는 기사가 나자 그의 모교인 뮌헨 푸이트폴트 김나지움의 교장이 이에 항의하기 위해 아인슈타인 성적표를 신문사에 보낸 일도 있었다고 한다.

| 독일어 및 독문학 | 5 | 프랑스어 및 불문학 | 3 |
|---|---|---|---|
| 영어 및 영문학 | - | 이탈리아어 및 이탈리아문학 | 5 |
| 역사 | 6 | 지리 | 4 |
| 대수학 | 6 | 제도 | 4 |
| 기하학(면적 측정, 삼각법, 구적법, 해석기하학) | | | 6 |
| 도형 기하학 | 6 | 물리 | 6 |
| 화학 | 5 | 자연사 | 5 |
| 미술 | 4 | | |

1879년 3월 14일 출생, 울름 출신의 알버트 아인슈타인은 아르가우 주립학교, 즉 상업학교의 제3학급과 제4학급에 참석하였으며, 1896년 9월 18, 19, 21, 30일에 필기 및 구술 성취도 평가에 응시하여 얻은 성적(대학입학 자격시험 증서(1896년))을 아르가우 주의 교육협회가 증명하는 내용이라고 한다.

1896년 10월 3일, 아르가우 주당시 스위스의 학교에서는 1등급이 가장 낮은 점수였고, 6등급이 가장 좋은 등급이었다. 위 성적표에서 영어 및 영문학을 제외(원본문서에서 이렇게 계산했다)한 13과목의 등급 평균이 5등급인데, 이것은 우리나라의 9개 등급의 성적으로 환산해 보면 아인슈타인의 대학입학시험 성적은 1.5등급으로 평가할 수 있다.

아인슈타인은 수학과 물리학에 뛰어났고 동료 학생들보다 몇 년 앞선 수학을 이수하는 수준에 도달하였다. 12세 때의 아인슈타인은 그해 여름 동안 대수와 유클리드 기하학을 독학으로 습득하였고, 피타고라스의 정리도 독자적으로 증명하는 법을 발견하였다고 한다. 당시 가정교사인 맥스 탈무드(Max Talmud)는 12세의 아인슈타인에게 기하학 교과서를 준 후 얼마 지나지 않아 아인슈타인의 실력을 이렇게 평가하였다고 한다. 즉, "아인슈타인은 책 전체를 공부했습니다. 그 후 그는 고등 수학에 전념했습니다. 곧 그의 수학적 천재성의 비상은 너무 높아서 따라갈 수 없었습니다"라고.

아인슈타인의 뛰어난 학업성적과는 별개로 사고나 판단도 다른 학생과는 다른 특별한 면을 가지고 있었다고 한다. 10대 때 "행복한 사람은 현재에 만족하기 때문에 미래를 많이 생각하지 않는다"라고 하였고, "나는 정신이 맑을 때면 내가 꼭 위험을 외면하려고 사막의 모래에 머리를 처박는 타조처럼 느껴진다"라고 말하였다고 하니 가히 천재성이 넘치는 학생이었다고 생각된다.

## 특허청 사무소에 취업

1900년 대학을 졸업하지만 일자리를 구하지 못하다가 마샬 그로스만(Marcel

Grossmann)의 아버지의 도움으로 베른의 스위스 특허청(Patent office)에서 보조 심사관으로 취직하였다. 특허청에서 근무하는 기간에 그의 위대한 업적, 광전효과, 상대성 이론 등 주요 연구 성과가 완성됐다. 아인슈타인이 그로스만의 은혜를 잊지 않는 것도 이런 이유에 있다.

1901년 2월에 스위스 시민권을 취득하였지만, 의학적 이유로 군대에 징집되지는 않았다. 아인슈타인은 자갈 선별기 및 전기-기계적 동기화 타자기를 포함한 다양한 장치에 대한 특허 출원들을 심사하는 업무를 맡고 있었다. 1903년 스위스 특허청에서 그의 직위는 영구적이 되었지만, 그는 "기계 기술을 완전히 마스터"할 때까지 승진하지 못하였다.

특허청에서도 아인슈타인은 물리학 연구를 계속했는데 이것이 오히려 그가 한 가지 주제에 대해 깊이 파고들 수 있는 기회가 되었다. 당시 대학원에 있었다면 반드시 연구 결과들을 내놓아야 하는 압박으로 어설프고 불안전한 결과를 성급하게 논문으로 발표해야 하는 압력을 느꼈을 것이었다. 그러나 특허청에서 일하는 동안 아인슈타인은 자신의 기질에 맞는 연구의 자유를 만끽할 수 있었던 것이다. 아인슈타인은 그런 압력을 "의지가 강한 사람만이 물리칠 수 있는 천박함에 대한 유혹"이라고 하면서 평가하였다.

아인슈타인은 특허청에서 주로 전기공학 분야의 새로운 장치들에 대한 평가 업무를 했는데 그 경험 또한 전자 공학의 최신 흐름을 파악할 수 있는 기회가 되기도 했다.

아인슈타인이 하는 특허청에서의 업무는 대부분 전기 신호의 전송과 시간의 전기-기계적 동기화에 관한 질문과 관련되어 있었다. 두 가지 기술적 문제는 결국 아인슈타인이 빛의 본질과 공간과 시간의 근본적인 연결에 대한 급진적인 결론을 내리게 한 사고 실험에서 두드러지게 나타났다.

## 결혼과 자녀

1903년 학생시절 동급생이었던 4살 연상의 밀레바 마리치와 부모의 반대를 무릅쓰고 결혼해 딸 '리젤(Lieserl)'을 낳았으나 두 살 때 병사했다는 사실이 그가 죽은 지 한참 지나 그의 아들 한스에 의해 세상에 알려졌다.

아인슈타인과 마리치는 1903년 1월에 결혼하였다. 1904년 5월에 그들의 아들 한스 알베르트 아인슈타인이 스위스 베른에서 태어났다. 그들의 둘째 아들 에듀어드(Eduard)는 1910년 7월 취리히에서 태어났다. 부부는 1914년 4월 베를린으로 이사했지만 마리치는 이전에 가까운 관계에도 불구하고 아인슈타인의 주요 낭만적 매력은 이제 그의 사촌 엘사 뢰벤탈(Elsa Löwenthal)이라는 사실을 알게 된 후 아들과 함께 취리히로 돌아왔다. 그들은 1919년 2월 14일에 이혼했고, 그는 마리치와 이혼한 뒤 사촌 엘사와 결혼한다. 이혼 합의의 일환으로 아인슈타인은 마리치에게 노벨상 상금을 주기로 동의하였다.

## 아인슈타인의 과학적 유산

1905년에 그는 과학자로서의 그의 유산에 기초가 되는 몇 개의 논문을 발표하였다. 첫 번째 논문에서 그는 브라운 운동(액체에서 발견된 입자의 무작위 운동)을 조사하였다. 다른 것들은 광전 효과, 특수 상대성이론, 질량 에너지 동등성과 같은 중요한 발생을 언급했다.

많은 사람들은 아인슈타인이 상대성이론으로 노벨상을 받았다고 알고 있다. 그러나 보다 자세하게 살펴보면 그것은 광전 효과를 위한 것이었다. 광전 효과는 거의 20년 후인 1921년에 그에게 노벨 물리학상을 안겨주었다. 그의 이론의 발전 덕분에 우리는 텔레비전, 태양 전지판, 마이크로칩, 동작 센서, 복사기, 디지털 카메라, 자동 램프 등과 같은 많은 필수적인 기술들을 가지게 되었다. 아인슈타인은 스위스 베른, 체코 프라하, 독일 베를린의 대학에서 교수로 일했다.

그러나 1933년 히틀러가 집권하자 미국으로 피신하였고 생애의 나머지 25년을 보냈다.

## 노벨물리학상의 수상

아인슈타인은 상대성이론을 개발한 것으로 가장 잘 알려져 있지만 양자역학 이론의 발전에도 매우 중요한 공헌을 하였다. 상대성이론과 양자역학은 현대 물리학의 두 기둥이다. 상대성이론에서 나온 그의 질량−에너지 등가식 $E=mc^2$는 누구나 한 번쯤 들어봤을 법한 아주 유명한 공식이다. 특수상대성이론의 4차원 운동량 벡터의 크기는 일정하다는 데서 유도된 식이다. $E=mc^2$의 의미는 "E(에너지)=질량×빛의 속도의 제곱"을 의미한다. 이는 "세계에서 가장 유명한 방정식"으로 불린다. 그의 작업은 과학과 철학에 미친 영향으로도 유명하다. 그는 1921년 "이론 물리학에 대한 공로, 특히 광전 효과 법칙의 발견"으로 양자 이론 발전의 중추적인 단계에 대한 공로로 노벨물리학상을 받았다. 그의 지식적인 업적과 독창성은 '아인슈타인'이 '천재'와 동의어가 되는 결과를 낳았다.

## 첫 번째 과학 논문들

《물리학 연보》(Annalen der Physik)는 물리학 분야의 과학 저널 중에서 매우 오래된 저널 중의 하나이며, 1799년부터 출판되었다. 아인슈타인은 1900년 《물리학 연보》에 "모세관 현상의 결론"(Folgerungen aus den Capillaritätserscheinungen)이라는 논문이 게재되었다.

1905년 4월 30일, 아인슈타인은 어드바이저 역할의 실험 물리학 교수인 알프레드 클라이너와 함께 그의 논문을 완성하였다. 그 결과 아인슈타인은 분자 크기의 새로운 결정이라는 논문으로 취리히 대학교에서 박사학위를 받았다.

또한 1905년, 아인슈타인의 '기적의 해'(annus mirabilis)라고 불리는 그는 광전 효과, 브라운 운동, 특수 상대성이론, 질량과 에너지의 등가성에 관한 논문들은 '기적의 해'에 발표하게 되었는데, 그러한 논문들은 아인슈타인의 젊은 나이인 26세부터 학계의 주목을 받게 되는 계기가 되었다.

## 교수 경력

1906년에 아인슈타인은 베른 특허청의 2급 심사관으로 승진하였으나, 그가 갈망하던 안정적인 연구생활을 위해 이듬해 베른대학의 교수초빙에 지원했으나 뜻을 이루지 못하였다. 그러나 30세 되던 1909년에 취리히공과대학 이론물리학부 조교수로 취임을 하게 되어 베른 특허청 심사관을 사직하였다.

연구와 학생 지도에 몰두할 수 있는 대학교수가 된 아인슈타인에게 1910년 차남 에두아르트(1910~1965; 훗날 정신분열증을 앓음)가 태어나게 되어 아들만 둘인 가정의 가장이 되었다. 그러나 대학의 급여가 베른 특허청에 근무할 때 받던 것과 크게 달라지지 않아서 생활에 여유가 없었다고 한다.

1911년 32세의 나이에 프라하대학 이론물리학 교수로 취임하면서, '빛이 중력에 의해 휘어지는 현상 예측'이라는 논문을 발표하였다. 급여도 많아졌고 대학의 연구환경 등에는 만족하였으나, 학생 지도에 많은 시간을 할애하게 되어 연구할 시간은 크게 부족하였다고 한다.

1912년 베를린을 여행하던 중 육촌 누이 엘자 뢰벤탈을 만나게 되면서 부인 밀레바 마리치와의 관계가 소원해지게 되었다고 한다. 그 해 겨울에는 모교인 ETH 취리히공과대학의 이론물리학 교수로 취임하였으며, 1913년 34세 때에는 베를린대학 교수 겸 프로이센과학원 교수로 선출되었다. 1914년에는 프로이센 과학아카데미에 자리를 잡고 베를린에 머물면서 가끔 베를린대학교에서 강의와 연구를 계속하였으며, 드디어 일반상대성이론의 측지선공식에 대한 최초의 형식화인 '일반상대성이론의 형식적 기초'를 발표하였다. 같은 해 7월 28일 제1차 세계대전이 발발하자 아인슈타인은 가족을 뒤로 하고 "새조국연맹"이라는 단체에 가입하여 반전성명서를 발표하였다.

## 1930년~1931년 미국 여행

1930년 12월, 아인슈타인은 두 번째로 미국을 방문했는데, 원래는 캘리포니아 공과대학교의 연구원으로 2개월간의 방문이었다. 첫 번째 미국 여행에서 전국적인 관심을 받은 후, 그와 그의 주선자들은 그의 사생활 보호를 우선적인 목표로 삼아 특별히 상을 받거나 공개적으로 연설하라는 전보와 초대가 쇄도하였지만, 그는 모두 거절하였다고 한다.

## 1933년에 미국으로의 이주

1933년 2월 미국을 방문하는 동안 아인슈타인은 독일의 새 총리 아돌프 히틀러가 집권한 나치의 정권으로 인하여 독일로 돌아갈 수 없다는 것을 알았다.

1933년 초 미국 대학에 있는 동안 그는 패서디나에 있는 캘리포니아 공과대학교에서 세 번째 2개월간 방문 교수직을 맡았다. 1933년 2월과 3월에 독일의 비밀경찰인 게슈타포는 베를린에 있는 그의 가족 아파트를 반복해서 습격하였다. 그와 그의 아내 엘사(Elsa)는 3월에 유럽으로 돌아갔고 여행 중에 독일 의회가 3월 23일 전권 위임법를 통과시켜 히틀러 정부를 사실상 법적 독재 정권으로 전환시켰기 때문에 아인슈타인 가족들이 베를린으로 갈 수 없다는 것을 알게 되었다.

## 미국시민권의 취득

아인슈타인은 새로 선출된 나치 정부의 정책에 반대하면서 미국에 정착하여 1940년에 미국 시민권을 취득하였다. 제2차 세계대전 직전에 그는 프랭클린 D. 루즈벨트 대통령에게 잠재적인 독일 핵무기 프로그램에 대해 경고하고 미국이 유사한 연구를 시작할 것을 권고하는 편지에 서명하였다. 아인슈타인은 미국을 비롯한 영국 등의 민주동맹국을 지지하였지만 일반적인 입장에서는 핵무기에 대하여 반대하고 비난하는 입장을 취하였다.

아인슈타인은 미국 시민권을 취득하고 뉴저지 주 프린스턴에 있는 고등연구소에서 경력을 쌓은 지 얼마 되지 않아 그는 유럽과 비교할 때 미국 문화의 능력주의에 대한 감사를 표시하였다. 그는 사회적 장벽 없이 "자신이 원하는 것을 말하고 생각할 수 있는 개인의 권리"를 인정하였고, 그 결과, 개인이 더 창의적으로 격려받았으며, 이는 그가 자신의 조기 교육에서 소중하게 여겼던 특성이라고 말하였다.

1946년 아인슈타인은 역사적으로 흑인 대학이었던 펜실베니아의 링컨 대학교를 방문하여 명예 학위를 받았다. 링컨은 미국에서 아프리카계 미국인에게 대학 학위를 수여한 최초의 대학이었다.

아인슈타인은 미국의 인종차별에 대해 연설하면서 "나는 그것에 대해 침묵할 생각이 없다"고 덧붙였다. 프린스턴의 한 거주자는 아인슈타인이 한때 흑인 학생을 위해 대학 등록금을 지불한 적이 있다고 회상한다. 아인슈타인은 "내 자신이 유대인이므로, 아마도 흑인들이 차별의 희생자로 느끼는 감정을 이해하고 공감할 수 있다"라고 말하였다.

## 제2차 세계대전과 맨해튼 계획(Manhattan Project)

1939년에 망명한 물리학자 실라르드 레오를 포함한 헝가리 과학자 그룹이

워싱턴에서 진행 중인 나치 원자폭탄 연구에 대하여 경고하려고 시도하였으나 그룹의 경고는 과소평가되었다. 아인슈타인과 실라르드는 에드워드 텔러와 유진 위그너와 같은 다른 난민들과 함께 "독일 과학자들이 원자폭탄 개발 경쟁에서 승리할 가능성을 미국인들에게 경고하고 히틀러가 그러한 무기에 의지할 것 이상일 것"이라고 경고하는 것을 그들의 책임으로 여겼다.

1939년 8월 2일, 아인슈타인은 실라르드가 'F.D 루즈벨트 미합중국 대통령'을 수신인으로 쓴 편지에 발신인으로 서명하였다. 한 달 뒤 제2차 세계대전이 터졌고, 1941년 말에 일본의 진주만 공습으로 미국이 전쟁에 참여하면서 '맨해튼 프로젝트'도 가동되기 시작하였다.

1945년 3월 실라르드가 다시 아인슈타인을 찾아와서 이번에는 정반대의 이야기를 하였다. 즉 독일이 제2차 세계대전에서 폐색이 짙어지면서 원자탄 제조 계획을 사실상 포기한 만큼 미국의 시도도 중단시켜야 한다는 것이었다. 하지만 이미 원자폭탄은 만들어진 뒤였고, 4월 루즈벨트 대통령도 사망한 뒤였다. 루즈벨트의 후임으로 트루먼 대통령이 취임하고 나서 1945년 8월에 원자폭탄을 일본의 히로시마와 나가사키에 투하함으로써 제2차 세계대전의 종전을 앞당기 되었다.

일부 사람들은 아인슈타인이 루즈벨트 대통령에게 보낸 편지에 서명함으로써 그의 평화주의 원칙에 어긋났다고 주장하기도 한다. 아인슈타인은 전쟁 후 냉전 진영이 벌인 핵 경쟁의 광기를 제대로 겪지 않았다. 하지만 그는 편지에 서명한 일을 내내 후회하였고, 1955년에 아인슈타인과 영국 철학자 버트런드 러셀을 비롯한 10명의 다른 지식인과 과학자는 핵무기의 위험을 강조하는 한 선언문에 서명하였다.

실라르드 역시 1962년 반핵군축을 촉구하는 평화주의자 모임인 '살만한 세상을 위한 위원회(Council for a livable World)' 창립회원으로 참여하였다.

## 아인슈타인의 사망과 평가

1955년 4월 17일, 아인슈타인은 1948년에 루돌프 니센(Rudolph Nissen)에 의해 외과적으로 보강되었던 복부대동맥류의 파열로 인한 내출혈을 경험하였다. 그는 이스라엘 건국 7주년을 기념하는 텔레비전 출연을 위해 준비하고 있었던 연설문 초안을 가지고 병원에 입원하였지만 그 연설문을 완성하는 데까지 살아있지는 못하였다.

아인슈타인은 "원할 때 가고 싶다. 인위적으로 생명을 연장하는 것은 무미건조하다. 내 몫을 다하였다, 갈 때가 됐다. 우아하게 사망을 받아들이겠다"며 수술을 거부하였다. 프린스턴 병원에서 76세의 이른 아침을 맞이하면서 사망하였다.

앨리스 칼라프리스가 쓴 『아인슈타인이 말합니다』라는 책[1]에서 "신화를 넘어 위대한 한 인간의 참모습을 만난다"라고 평가하였다.

영국의 수학자, 철학자, 수리논리학자, 역사가이자 사회 비평가인 버트런드 러셀(Bertrand Arthur William Russell)은 "아인슈타인은 내가 아는 모든 공인들 중에서 내가 가장 진심으로 존경한 인물이었다. 그는 위대한 과학자였을 뿐만 아니라, 위대한 인간이었다"라고 높이 평가하였다.

프리먼 존 다이슨[2]은 "아인슈타인의 본모습은 초인적인 천재가 아니라, 인간적인 천재라는 것을 보여준다. 그는 인간이기 때문에 더욱 위대하다는 것을 알 수 있다."

1851년 9월 18일 창간된 미국의 일간지, 뉴욕 타임스(The New York Times)는 "아인슈타인과 같은 지적, 정신적 능력을 타고나지 못한 우리 보통 사람들은 프린스턴 대학 출판부가 이렇게 혁신적인 방식으로 그를 좀 더 인간적인 인물로 만들어준 데 대해 마땅히 감사해야 한다"라고 앨리스 칼라프리스가 쓴 『아인슈

---

1) 알베르트 아인슈타인·앨리스 칼라프리스 지음, 김명남 옮김, 아인슈타인이 말합니다, 에이도스, 2015.
2) 프리먼 존 다이슨(Freeman John Dyson, 1923~2020)은 영국 출생의 미국의 물리학자이다. 양자전기역학의 이론적 기반을 닦은 인물 중의 한 사람이다. 또한 저명한 물리학자들 중에서 거의 유일하게 평생 박사학위를 취득하지 않았다.

타인이 말합니다』라는 책의 발간을 높이 평가하였다.

뉴 사이언티스트[3]에서는 "아인슈타인이 20세기의 사건들에 대해, 그리고 그 속에서 자신이 수행한 역할에 대해 기록한 글들 중에서 가장 기억할 만한 것을 모은 이 책의 제일가는 가치는, 과학자로서의 아인슈타인만이 아니라 한 인간으로서의 아인슈타인이 어떻게 발달했는지 엿볼 수 있다는 점이다. 적지 않는 성취를 거둔 책이다"라고 평가하였다.

## 아인슈타인이 남긴 명언들

### (1) 신(GOD)에 대한 인식

신은 주사위를 던지지 않는다. 나에게 신은 우주 만물에 대한 나의 경외심이다. 나는 신의 생각을 알고 싶다. 나머지는 세부적인 것에 불과하다.

종교 없는 과학은 절름발이며, 과학 없는 종교는 장님이다. 나는 우주의 원리가 아름답고 단순할 것이라고 굳게 믿는다.

우리 모두는 초대장도 없이 비자발적으로 지구에 온 방문객이다. 하지만 나에겐 이 비밀조차 감탄스러울 따름이다.

### (2) 인생

인생을 살 수 있는 두 가지 방법이 있다. 하나는 아무 것도 기적이 아니라고 생각하며 살아가는 것이고, 다른 하나는 모든 것이 기적이라고 생각하며 살아가는 것이다. 인생의 비극이란 사람들이 사는 동안 가슴과 영혼에서 숨을 거둔 것이다. 인생은 자전거를 타는 것과 같다. 균형을 유지하기 위해 움직여야 한다. 자

---

3) 뉴 사이언티스트(New Scientist)는 과학과 기술의 모든 측면을 다루는 통속과학 잡지이다. 런던에 본사를 두고 영국, 미국, 호주에서 매주 영어판을 발행하고 있다. 1956년 11월 22일에 처음 출판된 뉴 사이언티스트는 1996년부터 온라인 형태로 제공되었다.

신의 운명을 설계하는 것은 바로 나 자신이다. 나약한 태도는 성격도 나약하게 만든다.

성공한 사람보다 가치 있는 사람이 되는 것이 중요하다. 오직 남을 위하여 사는 인생만이 가치 있는 것이다.

### (3) 자신의 이해

지식보다 중요한 것은 상상력이다. 나에게는 특별한 재능이 없다. 단지 열정적인 호기심만 있다. 난 똑똑하지 않아, 그저 문제를 더 오래 연구했을 뿐이다. 너무 많이 읽고 뇌를 너무 적게 사용하면 생각을 게을리하게 된다. 네 자신의 무지를 절대로 과소평가하지 마라.

실험을 아무리 많이 해도 내가 옳다는 것을 결코 입증할 수 없다. 그러나 하나의 실험만으로도 내가 틀렸음을 입증할 수 있다. 의미가 있다고 해서 모두 셀 수 있는 것은 아니고, 셀 수 있다고 해서 모두 의미 있는 것도 아니다.

상식이란 18세까지 습득한 편견의 집합이다. 나는 미래에 대하여 결코 생각하지 않는다. 그것은 곧 충분하게 다가오니까.

실수를 한 번도 범한 적이 없는 사람은 아무런 새로운 시도를 해본 적이 없는 것이다. 마음은 낙하산과 같다. 넓게 열려 있을 때가 가장 효과적으로 작동한다. 보고 이해하는 기쁨은 자연이 주는 가장 아름다운 선물이다. 우리는 모두 매우 무지하다. 그러나 모두가 같은 것에 대해 무지하지는 않다. 모두가 비슷한 생각을 한다는 것은, 아무도 생각하고 있지 않다는 말이다.

### (4) 전쟁과 평화

나는 제3차 세계대전이 어떤 무기로 싸울지는 모른다. 하지만 제4차 세계대전은 몽둥이와 돌로 싸우게 될 것이다. 평화는 무력으로 유지될 수 없다. 오직 이해를 통해 유지될 수 있다. 전쟁을 피하는 동시에 준비할 수는 없다.

지식과 기술만으로는 인류를 행복하고 품위있는 삶으로 인도할 수 없다는 사실을 잊지 말자. 나는 그 무엇에 대해서도 나의 공의 주장하지 않는다. 시초부터 종말까지 모든 것은 우리가 통제할 수 없는 힘에 의해 결정된다.

## (5) 수학

신은 우리의 수학문제에는 관심이 없다. 신은 다만 경험적으로 통합할 뿐이다. 수학이 어렵다고 걱정하지 말라. 수학은 물리학자인 내게 훨씬 더 어렵다고 말할 수 있다. 수학법칙은 현실을 설명하기엔 확실하지 않고, 확실한 수학법칙은 현실과 관련이 없다. 수학은 정밀한 자연과학에 수학없이는 얻을 수 없는 어느 정도의 정확성을 제공해 준다.

# 인권과 정의의 수호자, 넬슨 만델라

넬슨 만델라(1918~2013)

우리가 사는 지구에는 유엔 회원국 193개와 유엔 옵저버인 바티칸과 팔레스타인까지 195 국가가 있다. 그 외 미승인국가 8개까지 합치면 세계의 국가 수는 총 203개라고 할 수 있다. 이처럼 많은 국가들은 다양한 종교를 가지고 다양한 문화와 언어를 사용하고 있는 약 80억 명(2022년 11월 15일 기준으로 유엔 공식발표)이 살아가고 있다. 이러한 인류에게 가장 중요하고 기본적이고도 보편적인 가치는 무엇일까?

오늘날 대부분의 민주주의 국가에서는 인간 존중 사상을 헌법의 최고 가치로 규정하고 있다. 그런데 인간 존중 사상은 14~15세기에 일어난 르네상스에 의해 중세의 신 중심의 사고방식에서 인간 중심의 사고방식으로 전환되었다. 그후, 17세기에는 절대 군주의 강압으로부터 인권을 보호하기 위한 움직임이 일어나기 시작하였고, 계몽 사상가들이 천부인권론을 주장하였고, 이것이 사상적인 밑바탕이 되어 프랑스, 미국 등에서 시민혁명이 일어났다.

시민혁명을 통해 선언된 인간 존중 사상을 실현하기 위해 많은 나라가 이를 헌법에 명문화하였고, 더 나아가 인간의 존엄성을 보장하기 위한 다양한 정치 제도를 발달시키게 되었다. 제2차 세계대전이 끝난 후에는 전쟁 기간 동안의 비인간적인 행위에 대한 반성으로 인권에 대한 관심이 더욱 높아졌다. 국제 연합(UN)은 회원국에게 인권 보장을 준수하도록 의무화하고, 인권 보호와 신장을 위한 여러 가지 조약이 채택됨에 따라 인권 보장은 인류 공동의 문제로 다루어지게 되었다. 오늘날 각 국가들은 헌법에 천부적이고 초국가적인 인간의 권리를 기본권으로 보장하는 규정을 두어 국민의 기본권을 보장하고 있다.

그러나 대부분의 아프리카국가들은 이러한 보편적 인권이 존중되고 사회정의가 지배하는 국가가 아니라 차별과 억압의 체제에서 인권과 정의는 찾아볼 수 없는 국가들이 대부분이었다.

이러한 억압과 차별에 대항하여 투쟁해온 대표적인 인물이 넬슨 만델라 남아프리카공화국의 대통령이다. 그의 삶의 궤적을 살펴보면 한마디로 인권과 정의를 수호하기 위하여 투쟁한 삶이 전부라고 할 수 있다.

## 넬슨 만델라의 유년기

넬슨 만델라(Nelson Rolihlahla Mandela)는 남아프리카공화국(이하에서 '남아공'으로 약칭함)에서 평등선거를 실시한 후에 뽑힌 세계 최초의 흑인 대통령이었다. 대통령으로 당선되기 전에는 아프리카 민족회의(ANC)의 지도자로서 반(反)아파르트헤이트(Apartheid)운동 즉, 남아공의 옛 백인 정권의 인종차별에 맞선 투쟁을 지도한 공로가 탁월한 정치지도자였다.

그는 1918년 7월 18일 남아공의 케이브 지방의 일부였던 트란스케이 움타타에 위치한 작은 마을, 음베조에서 템부족 족장의 아들로 태어났다. '롤리흘라흘라(Rolihlahla)'는 이름이 주어진 것은 코사족 구어체로 '말썽꾸러기'라는 의미이며, 이후에는 그의 씨족 명인 '마디바'가 존경받는 어른이라는 이름처럼 훌륭한 사람이 되었다. 1832년에 사망한 그의 증조부 응구벵쿠카가 오늘날의 이스턴케이프주에 있는 트란스케이 지역에서 '인코시 엔크훌루' 혹은 군주로서 템부 족을 다스렸던 추장이었다.

'만델라'라는 이름은 그의 증조부의 이름을 따라 지어졌고, 이후 그의 성씨의 출처가 되었다. 만델라는 남아공의 케이프주 트란스케이를 통치한 템부 부족의 분파에 속한다. 1934년 1월에 클라크 뷔리중학교에 입학하여 백인중심의 교육을 받았다는 점도 특이하다.

## 대학에서 인종차별(흑인차별) 반대운동에 참여

1940년에 포트 헤어 대학에서 네덜란드 법학을 전공하던 중 학생운동을 하다가 퇴학을 당하였다. 1941년 정략결혼을 피하여 요하네스버그로 갔다. 다양한 일을 전전하다가 법률사무소에 근무하며 독학으로 법률 공부에 집중하였다. 1943년에 비트바테르스란트 대학(University of the Witwatersrand) 법학부에 입학하여 공부한 후 졸업하였다. 재학 중 민주주의, 사회주의, 공산주의 등 수많은 사상을 접했으며, 이러한 경험은 그의 정치적 식견을 공고히 하게 하였다. 그리고 그는 재학 중 1944년 아프리카 민족회의(ANC)에 들어가 그 청년동맹을 설립하였고, 청년동맹 집행 위원에 취임하여 반(反) 아파르트헤이트운동에 적극적으로 앞장섰다. 이후 1950년에는 아프리카 민족회의(ANC) 청년동맹의 의장으로 취임하여 본격적으로 흑인차별의 철폐를 위하여 전력을 다하였다.

## 변호사로 반(反) 아파르트헤이트(Apartheid) 운동 주도

1953년 8월에 요하네스버그에서 올리버 탐보와 함께 변호사 사무소를 개업하였다. 그 해의 12월에 아프리카 민족회의(ANC) 부의장에 취임하였고, 1961년 11월에는 움콘트 웨 시즈웨(민족의 창)라고 하는 군사 조직을 만들어 최초의 사령관이 되었지만 그러한 활동으로 1962년 8월에 남아공 정부에 체포되었다. 1964년에 국가 반역죄로 종신형을 선고받아, 로벤섬에 있는 형무소에 수감되었다. 1982년 케이프타운 교외의 포르스모아 형무소로 이감되었다.

## 남아공 백인 대통령과의 회담으로 석방

1989년 12월 당시 남아공의 대통령이었던 프레데리크 빌렘 데 클레르크와 회담을 하였고, 1990년 2월 2일 의회의 개회식에서 데 클레르크 대통령은 아프리카 국민회의, 범아프리카주의자 회의, 남아프리카 공산당을 위시해 31개의 불법 조직에 대해 내려진 금지령을 철회하고, 사상범의 석방과 사형 중지를 선포하게 되었다. 1990년 2월 11일에 넬슨 만델라는 27년간의 수감 생활을 마치고 출감하게 되었다. 그 뒤 만델라는 아프리카, 인도, 유럽 등을 순방하게 되었다. 1991년에 아프리카 민족회의(ANC) 의장에 취임하였고, 데 클레르크 대통령과 협력하여 모든 인종 대표가 참석한 민주 남아공 회의를 두 번 개최하였고, 또한 다당 협상 포럼을 열어, 임시 정부 잠정 헌법을 만들었다.

1990년 6월 26일 미국 의회 연설에서 넬슨 만델라는 아프리카 국민회의 입장을 천명하였다. 1991년 7월 더번에서 30년 만에 최초로 아프리카 국민회의 전국회의가 개최되었고, 만델라는 만장일치로 의장에 선출되었다. 이후 만델라는 실용주의 노선으로 선회하여 데 클레르크의 백인정부와 협상을 벌여 350여 년에 걸친 흑백차별의 인종분규를 종식시키게 되었다. 토지법, 집단 지역법, 인종 등록법이 폐지되었고 아파르트헤이트가 공식적으로 폐지되게 되었다.

1991년 12월 20일 민주 남아프리카를 위한 공회(CODESA)가 개최되어 정부와 아프리카 국민회의의 포럼이 시작되었다. 1993년 6월 3일 남아프리카공화국 최초로 1인 1표제에 입각한 민주적인 선거가 1994년 4월 27일에 실시될 것이 결정되었다.

1993년 12월 10일에 만델라는 아파르트헤이트 폐지에 대한 공로를 인정받아 데 클레르크 대통령과 함께 노벨평화상을 공동으로 수상하였다.

# 남아공 총선과 대통령 당선

1994년 실시된 평등 선거에서 ANC는 62%를 득표하여 아프리카 민족회의 (ANC)의 지도자인 넬슨 만델라는 1994년 5월 27일 남아공 최초의 흑인으로서 제8대 대통령(임기 1994년 5월 10일~1999년 6월 14일)으로 취임하였고 진실과 화해 위원회(TRC)를 결성하여 용서와 화해를 강조하는 과거사 청산을 실시하였다.

진실과 화해위원회(TRC)는 성공회 주교인 데스몬드 투투 주교가 참여하였으며, 수많은 과거사 관련 자료들을 수집하여 조사하였다. 인종차별 시절 흑인들의 인종차별 반대투쟁을 화형, 총살 등의 잔인한 방법으로 탄압한 국가폭력 가해자들이 진심으로 죄를 고백하고 뉘우친다면 사면하였다. 나중에는 피해자들에게 경제적인 보상이 이루어지기도 하였다. 또한 피해자 가족들의 요청에 따라 피해자 무덤에 비석을 세워줌으로써, 아파르트헤이트 시절의 국가폭력 피해자들이 잊혀지는 일이 없도록 하였다.

잠정 헌법의 권력 분배 조건에 따라 연립 정권을 세워 국민 통합 정부를 수립하였는데, 전임 대통령이었던 프레데리크 빌렘 데 클레르크가 부통령에 취임하여 극한적인 흑백갈등의 남아공에서 민족화해가 이루어지게 되었다.

넬슨 만델라는 민족 화해 협력을 호소하면서, 화해와 관용이라는 톨레랑스 정신을 기초로 인종차별 체제에서 흑백의 대립과 격차를 시정하려고 노력하였고, 흑인 간 충돌의 해소, 경제 불황을 회복하는 부흥개발계획(RDP)을 공개하였다.

1997년 12월 아프리카 민족회의(ANC) 전당대회에서 넬슨 만델라는 의장의 자리를 부통령을 맡고 있었던 터보 음베키에게 양보하였다. 1999년 2월 5일 국회에서 마지막 연설을 하였고, 같은 해 열린 총선을 계기로 정계에서 은퇴하였다.

## 은퇴 후 활동과 평가

2000년 1월 19일에 유엔 안전보장이사회에서 처음으로 연설을 하였다. 2001년 7월 전립선암이 발견되었고, 7주간의 방사선 치료를 받았다. 2005년 1월 7일에 전처 위니와 사이에서 태어난 아이 마카토 만델라가 에이즈에 의한 합병증으로 사망하였다는 것을 공개하였다. 유네스코 친선 대사로 활동도 하였다.

2002년 6월 8일 아파르트헤이트 철폐 등 인권운동에 앞장선 공로를 인정받아 '프랭클린 루즈벨트 4개 자유상'을 수상하였다. 저서로는 뉴욕 타임스가 뽑은 20세기 최고의 책에 선정된 《자유를 향한 긴 여정》이 있다.

2010년 6월 11일에 열린 FIFA 월드컵 남아공 대회의 개회식에 참석하려 했지만, 전날 증손자가 교통사고로 사망하여 참석을 포기하는 대신 영상 메시지를 보냈으며, 폐회식에는 참석하였다. 이때 이후 공개적으로 모습을 나타내지 않았다. 90세를 넘어 고령 몸에 쇠약해지기 시작했으며, 2012년 12월 8일에는 폐 감염으로 인해 수도 프리토리아 병원에 입원했다. 2013년 4월 6일 증상이 호전되어 퇴원을 하였으나 2013년 6월부터 상태가 악화되었고, 감염이 재발되어 6월 8일 다시 입원하게 되었다.

2013년 6월 23일 남아공 대통령궁은 넬슨이 위독한 상태에 빠졌다고 발표하였다. 그 후 넬슨의 용태는 안정되었고, 7월 18일 병실에서 95번째 생일을 맞았다. 딸 인사는 7월 16일에, "헤드폰을 착용하고, 텔레비전을 보고 있어 웃음을 보였다"라는 모습을 전하였다. 넬슨의 생일에 맞춰 2013년 7월 18일에 유엔은 본부에서 "넬슨 만델라의 날" 행사를 열고 넬슨의 공적을 기리는 것과 함께 회복을 기원하였다.

2013년 12월 5일 95세로 자택에서 가족들의 품에서 서거하였다. 그의 서거는 제이컵 주마 대통령에 의해서 발표되었다. 2013년 12월 6일 이희호 여사(김대중 전 대통령의 영부인)는 김대중평화센터에서 배포한 보도자료를 통해 "넬슨 만델라 전 대통령은 전 인류에 자유와 인권, 평화의 메시지를 전하고 영면하였다"면서 "증오를 넘어 사랑의 위대한 힘을 보여줬다"라고 애도를 표하였다.

# 알래스카를 산 앤드류 존슨 대통령, 윌리엄 수어드 국무장관

인류 역사에서 가장 큰 거래이며 엄청난 반전을 이룬 매매는 미국과 제정 러시아가 맺은 알래스카지역을 사고파는 계약일 것이다. 이 매매의 주역은 단연 미국의 국무부 장관(우리나라의 외무부 장관 격)인 윌리엄 수어드이다. 수어드는 링컨과 공화당 대통령 후보 지명전에서 치열하게 싸운 경쟁자였고 링컨보다 화려한 정치인이었지만 링컨에게 역전패를 당하였다. 패배한 수어드는 미국 전역을 돌며 경쟁자였던 링컨의 대통령선거 지원 유세에 나섰다. 대통령에 당선된 링컨은 수어드를 국무장관에 임명하였다. 링컨은 분열된 미국을 통합하는데 노력하였고, 수어드는 미래를 내다보며 미국 영토의 외연을 넓히는데 앞장섰다. 링컨과 수어드가 보여준 포용과 화해의 리더십은 남북전쟁의 폐허에서 미국을 재건하는 데 밑거름이 되었고, 오늘날 세계 최강의 국가가 되는 데 큰 바탕이 되었다.

지금 알래스카에는 수어드 항구 도시와 수어드 고속도로로 이름이 붙여진 곳이 있다. 수어드는 알래스카 매입 5년 뒤인 1872년에 숨을 거두었지만 그 이름은 아직도 우리에게 생생하게 남아 있다.

## 역사상 최고의 거래, 알래스카

1867년 미국의 제17대 대통령 앤드류 존슨(Andrew Johnson, 1808~1875)은

600,000평방마일(1,600,000km²)의 넓이를 가진 알래스카 영토를 720만 달러에 사들이기로 결정하였다. 1에이커(약 1,224평)당 약 2센트 꼴이었다. 이 땅은 현재의 미국의 알래스카주이며, 미국은 이후 알래스카를 통치하기 위해 알래스카부(Department of Alaska)를 설치하였다.

오늘날 생각하기에는, "알래스카처럼 드넓은 영토와 자원을 2조원 정도로 구입하는 것이 도대체 뭐가 아까운가?"라고 생각이 들겠지만, 그 당시에는 알래스카는 정말 아무것도 없는 불모지였고, 무엇보다 미국인들은 일찍이 미국 본토의 1/3이나 되는 땅을 1,500만 달러(2021년 기준 한화 약 28조원, 미화 250억 달러)를 주고 산 적도 있었던 사람들이다. 당연히 얼음 덩어리로 보이는 땅에다 700만 달러를 내는 것은 아무래도 아까웠을 것이다. 당시 알래스카의 주요한 (그리고 유일한) 수익원이었던 모피의 경우, 러시아인들의 남획으로 19세기 중반에 이미 알래스카 해달은 멸종 위기 단계여서 말 그대로 단물이 빠진 상태였다. 게다가 19세기 중반의 미국은 아직까지 패권주의적이라기보다는 폐쇄주의적인 국가였다.


## 알래스카 매입의 주역, 앤드루 존슨 대통령

앤드루 존슨(Andrew Johnson, 1808~1875)은 미국의 제17대 대통령(1865~1869)으로 에이브러햄 링컨 대통령이 피살당하여 사망함으로써 당시 부통령이었다가 대통령직을 승계하였다. 이는 국민의 직접선거로 선출되지 않아서 이를 명예롭지 못하게 여겨서 '보궐 대통령'만으로 끝난 대표적 인물이다.

그러나 존슨은 굉장히 남다른 이력을 가지고 있었기 때문에 그에 대하여 함부로 이야기하지 못할 몇 가지 특기할 이력을 가지고 있었다.

첫째, 그는 학교라고는 문전에도 가보지 못한 유일한 대통령으로 기록되고 있다는 것이다. 양복장이였던 존슨(Johnson)은 18세 때, 16세인 구두 수선공의 딸 엘라이저 매카들(Elizer Macardel)과 결혼하였고, 그 후 부인에게 쓰기와 간단한 산수를 배우면서 독학으로 공부하였고, 하원의원, 주지사, 상원의원을 거쳐 부통령,

대통령까지 된 그야말로 입지전적인 인물이었다.

둘째, 그는 미국 역사상 탄핵소추를 제기당한 유일한 대통령인 동시에 인기 없는 대통령이었다. 그는 의회에서 나오는 법안에 대해 줄곧 거부권을 행사하였고, 특히 남북전쟁 후 남부에 속한 주들에게 페널티를 주자는 법안에 대한 거부권 행사가 도화선이 되어 탄핵소추를 받았으나 단 한 표 차이로 탄핵은 면하였다.

셋째, 그는 얼렁뚱땅하는 술책을 쓸 줄은 몰랐고, 정직과 진실이라는 트레이드마크로 알려져 있었다. 그는 1867년 당시의 국무장관이었던 윌리엄 수어드와 함께 러시아로부터 알래스카를 720만 달러에 사들인 용기와 결단성을 가진 지도자였다.

존슨은 남부의 주들이 연방에서 분리될 당시의 테네시주 연방 상원의원이었다. 그는 연방에서 탈퇴하였음에도 불구하고 자신의 직위를 그만두지 않은 유일한 남부의 상원의원이었다. 당시 존슨은 노예들의 소유자이자 민주당의 소속이었음에도 미국연방합중국을 지지하였고, 남북 전쟁이 일어난 동안에 존슨은 테네시주의 주지사로 임명되었고 남부를 위해 싸웠었다. 그는 미국연방합중국을 지지한 가장 두드러진 남부인이었을 것이다.

1864년 대통령선거에서 링컨의 공화당은 국가연합당(National Union Party)으로 잠시 당명을 바꾸고 자신들에게 지지를 호소하였다. 또한 링컨은 분열된 국가를 통합하겠다는 의지에서 민주당 소속이었던 존슨에게 손을 내밀어 부통령 후보를 맡겼다. 그 당시 북부에는 민주당의 위세가 약한 편이었으며, 대부분의 민주당원은 남부를 지지하고 있었던 사정이 있었다. 지금까지도 대통령 후보와 부통령 후보의 정당이 다른 유일한 사례로 기록되고 있다.

링컨 사망 후 대통령직을 승계한 존슨은 의회가 개회하기 전인 1865년에 구(舊) 남부동맹주의 재통합 작업을 추진하였다. 그는 '충성선서'를 받아들인 남부의 모든 전쟁 관련자들을 사면하였지만 전쟁에 책임이 있는 지도부나 부유층에 대해서도 대통령 특별사면을 통해서만 구제가 가능하도록 하였다.

이러한 노력의 결과, 1865년 12월에 의회가 시작될 무렵에는 대다수 남부 주들이 재건되었고 노예제도 역시 점차 철폐되어 가고 있었다. 하지만 자유의 몸이 된 흑인들을 규제하기 위한 '흑인규제법'이 출현하기 시작하였다.

의회의 공화당 과격파 의원들은 존슨의 정책들에 제동을 걸기 위해 활발히 움직였다. 이들은 남북전쟁 이전의 남부 지도자들이 여전히 건재해 있고 흑인들의 자유를 구속하는 여러 규제들이 버젓이 살아있다는 사실에 실망한 북부인들의 지원을 얻는데 성공하였다. 남부를 향한 그의 화해 정책들, 그의 전 연합국의 주들을 합중국으로 재편성을 서두름과 그의 투표권 법안의 거부권들은 그를 급진파 공화당원들과 격렬한 논쟁에 휘둘렀다. 미국 하원에서 급진파들은 1868년 그를 탄핵하였으며, 그는 탄핵이 제기된 첫 대통령이었으나 미국 상원에서 단일투표에 의하여 부결되었다.

## 알래스카 매입의 또 다른 주역, 윌리엄 H. 수어드 국무장관

윌리엄 H. 수어드(William Henry Seward, 1801~1872)는 뉴욕주 변호사(1821), 뉴욕주지사(1839, 1842), 연방상원의원(1849, 1861) 등을 역임한 후 에이브러험 링컨과 앤드류 존슨 정부의 국무장관(1861년, 1869년)을 지낸 미국의 공화당 정치인으로서 미국 남북 전쟁 시기를 통하여 매우 중요한 정치적 인물이었다.

링컨대통령에 비해 월등한 경력을 지닌 수어드는 1860년 미국 대통령선거 당시 공화당의 유력한 대통령후보로 지목되었으나 결국 링컨이 후보가 되자 그는 전국을 돌며 링컨을 적극적으로 지원하였고, 그 후 링컨 정부에서 충성을 다하였다.

그는 링컨의 참모로 남북전쟁 초기 외국의 개입을 막는 데 큰 역할을 했으며, 그 후 앤드류 존슨 정부의 국무장관을 맡아 1867년 러시아로부터 알래스카를 매입하는 데 주도적인 역할을 하였다.

하지만 당시 대통령이었던 존슨과 국무장관이었던 수어드는 "눈 덮인 알래스카가 아니라 그 안에 감춰진 무한한 보고(寶庫)를 보자"고 외쳤다. "우리 세대를 위해서가 아니라 다음 세대를 위해 그 땅을 사자"고 외치며 의원들에게 열심히

로비한 끝에 상원에서 겨우 한 표 차이로 매입 안을 통과시킬 수 있었다. 반면 러시아는 쓸모없는 땅을 비싼 값에 잘 팔았다며 협상단에 보너스까지 주었다.

## 알래스카 매매 당시의 러시아제국의 상황

문명 세계에 알래스카가 알려지게 된 것은 1741년으로 거슬러 올라간다. 러시아 표트르 대제의 명령을 받은 덴마크의 탐험가 비투스 베링(1681~1741)이 이 일대를 탐험하면서부터 시작이 된 것이다. 러시아의 주된 관심은 모피였고 러시아 해군이 이곳에 주둔한 것도 모피 때문이었다. 모피 무역이 시들해지자 재정적자에 시달리던 러시아는 1859년 미국에 알래스카를 팔겠다고 제안하기에 이르렀다.

당시 러시아 제국은 크림 전쟁(1853년 10월 4일부터 1856년 3월 30일까지 러시아 제국과 오스만 제국, 그레이트브리튼 아일랜드 연합왕국, 프랑스 제국, 사르데냐-피에몬테 왕국 간에 벌어진 전쟁)의 여파로 인해 재정적으로 어려운 상황에 있었고 나중에 분쟁이 생겨 특히 영국의 해군이 방어하기 어려운 지역을 쉽게 점령할 경우에 아무런 보상도 받지 못하고 알래스카를 잃을지도 모른다는 두려움에 떨고 있던 러시아황제 알렉산드르 2세는 이 영토를 미국에 팔기로 결정하였고 1867년 3월 초에 주미 러시아 공사 에두아르트 스테클(Эдуард Андреевич фон Стёкль)에게 미국 국무장관 수어드와의 협상에 들어가도록 지시하였다.

## 알래스카 매매 협상의 내용

알래스카를 팔기로 한 러시아제국과 미국의 협상은 밤새도록 이루어져 1867년 3월 30일 오전 4시에, 미화 720만 달러(2023년 현재 기준으로 대략 미국 달러화로 16억 7,000만 달러, 한화 약 1조 9,413억 7,500만원의 가치)에 매매하는 것으로 결론이 났다. 미국 여론은 대체로 긍정적이었지만 일부 부정적인 여론도 있었다.

미국의 한 역사가는 다음과 같이 요약하였다.

이미 우리는 인구로 채울 수 없는 영토의 부담을 안았다. 현재 공화국 영토 안에 있는 인디언 원주민들을 다스리기에도 벅차다. 우리는 지금 국가가 신경써야 할 그런 사람들을 더 늘려서 우리를 더 힘들게 하려고 눈을 불을 켜고 찾아서 추가하고 있는 것은 아닐까? 매입 비용이 높고, 매년 행정 비용이 들고, 민간과 군사 비용이 점점 많이 계속해서 들 것이다.

할양될 영토는 국가 영역과 인접해 있지 않다. 불편하고 위험한 거리에 그 영토가 떨어져 있다. 조약은 비밀리에 준비되었고, 오전 4시에 서명되고 억지로 합의되었다. 그 날 밤에 악행이 일어난 것이다. 뉴욕 월드에서는 "다 빨아먹은 오렌지"(sucked orange)라고 하였다. 그 땅은 털짐승밖에 없고, 거의 멸종위기가 올 때까지 사냥해버렸다. 앨류시언 섬과 남쪽 해안까지 뻗어 있는 좁은 해협을 제외하고는 그 땅은 증여물의 가치가 없다. 금이라도 발견되지 않는다면, 호 출판사, 감리교, 런던 경찰청에 축복이 내릴 일은 없을 것이다. 이건 "얼어붙은 황무지"라고 뉴욕 트리뷴지에서 말하였다.

## 자원의 보고, 알래스카

미국 본토의 5분의 1, 한반도의 7배, 남한의 15배에 이르는 알래스카는 미합중국에서 가장 면적이 넓은 주로서 빙하 등 거대한 대자연의 위용을 접할 수 있는 몇 안 되는 곳이기도 하다. 주민은 65만명에 불과하지만 금, 석유 등 천연자원이 풍부할 뿐만 아니라 미국의 전략적 요충지인 것이다. 만약 알래스카가 지금 러시아의 영토라면 캐나다와 미국은 세계정세 속에 어떤 위치에 처하게 되었을까?

미국 국민들의 비판에도 불구하고 720만 달러에 러시아로부터 사들인 알래스카에는 엄청난 양의 지하자원들이 매장되어 있었다. 또한 알레스카에는 많은 석유가 매장되어 있었으며 알래스카에서 채굴한 철의 양만으로도 무려 미화

4,000만 달러(현재 미화 92억 7,000만 달러, 한화 약 10조 7763억 7,500만원의 가치)어치에 달하였다. 그 외에도 금과 구리도 엄청나게 채굴되었으며 침엽수림의 목재나 석탄, 천연가스 등 기타 자원들까지 합친 알래스카에 존재하는 자원들을 종합하면 미화 수십억 달러(현재 미화 수조달러) 이상의 가치를 지니고 있다. 특히 석탄은 무려 전 세계에 존재하는 모든 석탄의 10분의 1이나 되는 엄청난 양이 알래스카에 매장되어 있는 것으로 밝혀졌다.

## 미국 워싱턴의 관점

당시 미국의 알래스카 매입은 미국 의회와 국민으로부터 "극지의 아무 쓸모 없는 땅을 비싼 돈을 주고 샀다"며 수어드를 비난하였다. 알래스카 매입을 '수어드의 바보짓(Seward's folly)'이라며 비아냥거렸고, 알래스카를 '수어드의 얼음창고(Seward's icebox)'라고 비웃었다. 수어드는 이 일로 결국 장관직에서 물러났다.

그 조약은 오랫동안 영토 확장을 바랐던 국무장관 윌리엄 H. 수어드와 상원의장 찰스 섬너가 승인하였다. 그들은 이 조약을 바라는 국가의 전략적 관심이 있었다고 하였다. 러시아는 남북 전쟁 내내 귀중한 동맹국이었으나, 영국은 거의 공공연한 적이었다. 러시아를 지원해서 영국을 꺾는 것이 현명한 일인 것 같았다. 더욱이 인접한 영토가 대영제국에 속해 있는 것 때문이기도 하다. 거의 미국에 둘러싸여 그 영토는 영국에게 거의 전략적 가치가 없어져서 언젠가는 미국이 매입할 수 있을지도 모른다. '뉴욕 헤럴드'는 매입이 차르로부터 영국과 프랑스에까지 그들은 "이 대륙에 아무런 간섭도 하면 안 된다"라는 의미를 알려주기 위한 것이라고 하였다. 캐나다가 '뉴욕 트리뷴'을 통하여 "이것은 간단히 말해서 우회적 움직임이다"라고 하였다. 곧 세계는 북서쪽에 "적의를 품은 코크니와 경계하는 양키가 양쪽에 있다"는 것을 알게 될 것이고, 존 불에게 유일한 길은 그곳에 대한 그의 관심을 형제 조나단에게 파는 것이라는 것을 이해하게 될 것이다.

1867년 4월 9일, 섬너는 이 조약을 지지하는 주요 연설을 했고, 알래스카의 역사, 기후, 자연 상황, 인구, 자원(삼림, 광산, 모피, 생선 등)을 다루었다. 훔볼트, 빌링스, 유리 리샨스키, Luetke, Kotzebue, 포트록, 쿡, Meares, von Wrangel과 같은 훌륭한 학자들, 지리학자와 항해자의 증언을 인용하였다. 그가 연설을 마쳤을 때, "저울이 기울어지지 않게 하는 것보다 조금 더 했을 뿐"이었다. 그가 계속해서, "만약 저울이 다른 쪽으로 기울었다면, 그쪽의 증언이 더 무게가 있기 때문이다"라고 말하였다. 곧, "실질적인 경쟁으로, 어떤 사업에 종사하기 위해 혹은 애국심을 위해, 두려움을 모르는 항해자들이 떼지어 해안으로 움직여 갈 것이다. 상업이 새로운 무기를 찾을 것이며, 국가는 새로운 방어자를 찾을 것이며, 새로운 손에 의해 국기가 높은 곳에 게양될 것이다"라고 섬너가 말하였다.

1867년 4월 9일, 미국 상원은 조약 체결을 투표해서 37대 2로 승인하였다. 그러나 알래스카 매입 비용에 따른 세출 승인은 미국 하원의 반대로 1년 이상 지연되었다. 1868년 7월에 가서야 113 대 48의 투표로 하원에서도 승인받았다.

미국은 알류트 족이 쓰던 이름인 "알래스카"를 공식 지명으로 선택하였다. 알래스카를 미국으로 넘겨주는 할양식 행사가 1867년 10월 18일 시트카에서 열렸다. 러시아와 미국의 군인들이 총독 관저 앞에서 열병식을 하였다. 포병대의 굉음과 함께 러시아의 국기가 내려갔고 미국의 국기가 올랐다. 알렉시스 페스트초로프 대위는 "로소 장군, 나는 러시아 황제의 권위로, 알래스카의 영토를 미국에 인도하겠소"라고 했고, 러벨 로소 장군은 그 영토를 받았다.

알래스카의 날은 알래스카가 러시아에서 미국으로 공식 이전된 1867년 10월 18일을 기리는 날이다. 현재 알래스카는 매년 3월 마지막 월요일에 수어드의 날로 알래스카 매입을 기념하고 있다.

## 알래스카 매입의 평가

수어드 국무장관은 생전에 줄곧 알래스카 때문에 시달렸고, 알래스카는 '수어드의 아이스박스'라는 비아냥이 뒤따랐으며, 실패한 거래를 뜻하는 말로 '수어드의 어리석은 짓'이라는 용어가 만들어질 정도였다.

그러나 30년 뒤 알래스카에서 금광이 발견되고, 20세기 들어 석유 매장 사실까지 밝혀지면서 알래스카는 미국의 보물로 탈바꿈하게 된 것이다. 여론(輿論)과 미래에 대한 비전이 충돌할 때 사례로 제시되는 것이 수어드의 알래스카 매입이다. 수어드가 여론을 의식했거나 미래에 대한 비전이 약하였다면 알래스카는 지금 미국 지도에 존재하지 않았을 것이다.

# 미생물학의 아버지, 생물학자,
# 루이 파스퇴르

2019년 말부터 시작된 코로나시대를 살아가면서 바이러스(세균)에 대한 백신의 중요성이 어느 때보다 깊이 다가왔다. 바이러스로 인류 모두가 고통을 당하고 있을 때, 우리에게 영국의 에드워드 제너와 프랑스의 루이 파스퇴르라는 유명한 두 명의 과학자가 생각났다. 제너는 역사상 최초로 천연두 백신을 발명한 의사이며, 파스퇴르는 광견병을 비롯한 각종 전염병 백신을 연구한 과학자로, 둘 다 인류를 무서운 질병에서 벗어나게 해주는 데 엄청나게 큰 공헌을 하였다.

높은 과학성과 공적 가치를 동시에 실천한 과학자를 든다면 조국과 인류를 사랑한 루이 파스퇴르를 꼽지 않을 수 없다. 그는 저온살균법인 파스퇴르살균법 관련 특허로 큰 경제적 이득을 취할 수 있었음에도 누구나 무료로 사용하도록 인류에 기부하였다. 새로운 과학적 발견을 인류의 공동 지식자산으로 이해했기 때문이다.

## 생애와 학업

루이 파스퇴르(Louis Pasteur)는 1822년 12월 27일 프랑스 쥐라 지방에 위치한 도시 돌에서 가죽 가공업자의 둘째 아들로 태어났다. 소년시절의 파스퇴르는 우수한 학생은 아니었다. 공부보다는 그림 그리기를 좋아해 장래 미술학

루이 파스퇴르(1822~1895)

과 대학교수가 되는 게 꿈이었다. 소년 시절 그는 부모나 친구의 초상화를 그리는 일이 주된 관심사였다. 소년시절에 그린 부모의 파스텔화가 지금도 남아 있다.

그러나 그는 1840년에 브장송 대학에서 문학사 학위, 1842년에 이학사 학위를 취득하였고, 1847년에 파리 고등사범학교에서 박사 학위를 받았다. 1848년에 스트라스부르대학교의 화학 교수가 됐으며 이듬해 대학 총장의 딸과 결혼하였다.

화학을 전공하였지만 처음에는 재능을 크게 보이지 못하여 그를 지도한 교수의 한 명은 "평범하다"라고 평가하였다. 그러나 그는 프랑스의 생화학자이며 로베르트 코흐와 함께 세균학의 아버지로 불렸다. 질병과 미생물의 연관관계를 밝혀냈고, 분자의 광학 이성질체를 발견했으며, 저온 살균법, 광견병, 닭 콜레라의 백신을 발명하였다.

그의 학문적 열정이 일깨워진 것은 당시 최고 학교였던 고등사범학교 시절이다. 거기서 당대의 대화학자 뒤마의 강의를 듣고 감격해 화학 연구에 몰두하기에 이른다. 물론 파스퇴르는 화학보다도 미생물학 업적으로 더 유명하지만 그것은 파스퇴르의 미생물학적 업적이 너무 뛰어나서일 뿐이다.

그렇다고 파스퇴르의 인생이 평탄한 것만은 아니었다. 주석산에 관한 최초의 논문을 쓴 1848년에는 어머니가 죽었고, 5명의 딸 중 3명을 잃었다. 소르본대 화학 교수로 재직 중이던 1868년 그는 뇌출혈로 쓰러져 반신불수의 고통을 겪게 됐다. 그러나 그 속에서도 그는 끝까지 연구에 전념하였다. 그를 유명하게 만든 탄저병 백신 접종 연구는 모두 이후에 이루어진 일이다.

## 주석산의 성격 해명

학교를 졸업하고 파스퇴르의 첫 연구는 주석산 결정을 분리하는 화학연구다. 24살의 젊은 나이의 초기 화학자 시절의 업적으로는 1849년에 당시 과학자들이 풀지 못하던 주석산의 정체를 밝혀내어 주석산의 성질을 해명한 것이었다. 천연물, 특히 포도주의 침전물로부터 취할 수 있는 이 화합물의 용액은 통과하는 빛의 편광면을 회전시킨다. 그러나 이상하게도 인공적으로 합성된 주석산은 화학반응이나 분자식은 같음에도 불구하고 이러한 효과를 갖지 않는다.

파스퇴르는 주석산의 미세한 결정을 조사하고서 결정에는 비대칭인 두 종류가 있어, 각각이 서로의 거울상이란 사실을 알아냈다. 끈질기게 분류 작업을 한 결과, 두 종류의 주석산을 얻을 수 있었다. 한 종류의 용액은 편광면을 시계 방향으로 회전시키는 데 반해, 한편은 반시계회전으로 회전시키는 것이었다. 그리고, 이 두 종류를 반반씩 혼합한 것은 편광에 대해서 어떤 효과도 미치지 않았다. 이것으로부터 파스퇴르는 주석산의 분자는 비대칭인 형태를 하고 있고 왼손용 장갑과 오른손용 장갑과 같이 서로 거울상 관계에 있는 두 종류의 형태가 있는 것이라고 올바르게 추론하였다. 처음으로 키랄 분자를 실증한 것도 큰 실적이었지만, 이후 파스퇴르는 한층 더 유명한 실적을 완수하는 생물학·의학의 분야로 나아가고 있었다.

## 스트라스부르대학교 교수

파스퇴르는 결정학에 관한 박사 논문에 힘입어 프랑스 스트라스부르에 위치한 명문 종합대학인 스트라스부르 대학교(Université de Strasbourg; UNISTRA)의 화학과의 교수에 임용되었다. 1854년에는 오드프랑스 릴에 본교를 둔 프랑스 공립연구 대학인 릴 대학교(Université de Lille, 약칭 ULille, UDL 또는 univ－lille)의 새로운 이과 대학의 학장으로 지명되고, 1857년에는 고등사범학교의 사무국장 겸 이

학부장이 되었다.

파스퇴르는 1854년에 릴 대학교의 화학 교수 겸 자연과학부 학장으로 부임하였다. 1857년에는 파리 고등사범학교로 돌아가 과학연구를 총괄하였다. 파스퇴르는 양조와 관련된 문제를 해결하기 위해 발효에 대해 연구하였으며, 미생물에 의해 발효가 일어난다는 것을 증명하였다.

## 자연발생설 비판

1861년의 저작 《자연발생설 비판》에서 발효가 미생물의 증식 때문이란 사실을 보였고, 동시에 영양분을 포함한 고깃국물에서 미생물이 증식하는 것은 자연발생에 의한 것이라는 종래의 설을 뒤집어 보였다. 먼지가 통과하지 못하도록 하는 필터를 통해 바깥 공기를 접촉할 수 있는 용기에 새로 끓인 고깃국물을 놔두거나, 필터는 없지만 'S'자 모양으로 구부러진 플라스크를 사용해 티끌이 들어가지 않도록 하여 공기를 접촉하게 하면, 고깃국물에서는 아무것도 자라지 못하였다. 따라서, 고깃국물에 발생하는 미생물은 외부로부터 들어온 티끌에 붙은 포자 등 미생물에 의한 것이며, 고깃국물 중에서 자연발생하는 것은 아니다. 이와 같이 하여 파스퇴르는 자연발생설을 비판하였다.

루이 파스퇴르가 세균설을 처음 주장한 것은 아니다. 세균설은 벌써 지롤라모 프라카스토로, 프리드리히 헨레 등에 의해서 주장되고 있었다. 파스퇴르가 한 것은 세균설(생물 속생설)의 올바름을 실험으로 명백하게 보여줘서, 유럽 사람에게 납득시킨 것이다.

## 살균법

파스퇴르의 연구는 발효 음료를 오염하는 미생물이 있다는 것을 나타내고

- 1861년 미생물이 질병의 원인임을 증명·예방하기 위해 1863년에는 저온살균법 고안
- 1865년 누에병에 대한 원인과 대책 마련
- 1863년 포도주의 발효과정 설명
- 1877년 감염성 질환에 관심
- 1880년 전염병인 탄저병과 닭 콜레라 예방접종법을 개발
- 1885년에는 광견병 예방주사를 개발

있었다. 이로부터 파스퇴르는 우유 등의 액체를 가열해 그중에 포함되어 있는 박테리아나 곰팡이를 모두 죽이는 방법을 발명하였다. 파스퇴르와 클로드 베르나르는 1862년 4월 20일에 최초의 실험을 실시하였다. 이 방법은 곧바로 가열살균법(파스퇴라이제이션)으로써 알려지게 되었다.

음료 오염으로부터 미생물이 동물이나 인간에게 감염된다는 결론을 내린 파스퇴르는 미생물이 인체에 들어오는 것을 막아야 한다고 주장하였고, 이는 스코틀랜드의 외과의사 죠제프 리스터가 외과 수술 소독법을 개발하는 데에 이르렀다.

1848년에 파스퇴르는 와인 발효 후 침전물에서 발견되는 화학물질 주석산의 성질에 관한 문제를 해결하였다. 그는 와인의 침전물에서 주석산과 화학조성이 같은 물질인 파라주석산을 발견하고 주석산과의 구조상 차이를 평면 편광 회전 차이를 통해 밝혀내었다.

이를 통해 화학물질을 연구하는 데 있어 화학조성뿐만 아니라 구조와 형태도 중요하다는 것을 입증했으며 이는 입체화학의 기반이 되었다.

## 누에병 치료

1865년 파스퇴르는 양잠업의 구제에 착수하였다. 그 무렵 미립자병으로 불리는 병에 의해 많은 누에가 죽고 있었다. 이 도중인 1867년에는 뇌졸중으로 쓰

러져 왼쪽 반신불수가 되었지만 수년에 걸치는 조사의 결과 병의 원인은 누에의 알에 세균이 감염되었다는 것을 증명하여 사육소로부터 이 세균을 구제하는 것으로 미립자병을 막을 수 있는 것을 나타내었다.

## 혐기성균 발견

파스퇴르는 혐기성균, 즉 공기 없이 증식 하는 미생물을 발견하였다. 1895년 미생물학으로 최고의 영예인 레이웬훅크 메달(Leeuwenhoek medal)을 수상하였다.

## 백신의 개발과 면역학의 기틀 마련

파스퇴르가 처음으로 발견한 백신은 1879년에 개발한 닭 콜레라 백신이었다. 그는 약독화된 배양균에 노출된 닭이 실제 균에 대한 내성을 갖게 된다는 것을 발견하면서 백신 개발에 성공하였다.

이후 1881년에 탄저병에 대한 백신을 만들었으며 1885년에는 광견병 백신을 이용해 광견병에 걸린 개에게 물린 소년에서 광견병을 막는 데 성공하였다.

파스퇴르는 1865년에 실크산업을 돕기도 하였다. 건강한 누에씨를 공격해 질병을 유발하는 미생물이 있다는 것을 증명하고 이를 막을 수 있는 방법을 만드는데 성공하였다. 1867년에는 파리 소르본대학교의 화학 교수로 부임하였다. 1868년에 뇌졸중으로 인해 왼쪽 반신마비가 발생했지만 연구를 계속하였다.

이후 파스퇴르는 백신 접종의 원리를 발전시키면서 면역학의 기틀을 마련하였다. 앞서 천연두 백신접종을 개발한 에드워드 제너는 천연두균과 유사한 우두균을 이용했는데, 파스퇴르는 약화된 균을 이용해 백신을 만들었다. 파스퇴르는 제너의 발견을 기리기 위해 백신을 일반적인 용어로 정하였다.

파스퇴르는 백신 실험 성공 이후 큰 명성을 얻게 됐다. 그의 이름을 따 파리에 연구소를 설립하기 위한 모금이 진행됐으며 1888년에 파스퇴르연구소가 개관하였다.


## 미생물학의 아버지로 발효 연구로 프랑스 주류산업을 구함

파스퇴르는 미생물, 발효에 대한 연구를 토대로 프랑스 주류산업을 구하였다. 1863년에 프랑스 황제의 요청에 따라 와인에 대해 연구하면서 그는 알코올 발효를 일으키는 통과 일으키지 않는 통을 현미경으로 조사해 발효를 일으키는 주체가 효모임을 발견하였다. 또 효모와 함께 다른 세균이 사는데 이들이 와인 맛을 변하게 한다는 사실도 발견하였다. 미생물에 의해 오염이 발생한다는 것을 알아내고 이를 막기 위한 방법으로 파스퇴르가 고안한 방법이 유명한 '저온 살균법'이다. 60~65℃에서 저온 살균 처리하면 다른 세균이 죽어 맥주나 포도주가 상하지 않았다. 이로 인해 그는 프랑스의 양조업자들의 위기를 해결해 줬다.

파스퇴르의 연구를 통해 고안한 저온살균법은 맥주와 우유 생산과정에도 사용되기 시작하였다. 그리고 1854년 릴대학 교수로 있을 무렵 "포도주가 너무 빨리 산성화돼 와인의 맛이 변질되는 문제를 해결해 달라"는 한 알코올 제조업자의 부탁을 받고, 발효에 대해 흥미를 갖게 된다.


## 세균학의 기틀 마련

파스퇴르가 발전시킨 세균 이론은 당시 지배적이던 미생물 자연발생설과 반대되는 개념이었다. 당시에는 일반적으로 발효와 부패가 자연 발생하는 것으로 생각됐는데 파스퇴르는 이를 반증하기 위한 일련의 실험을 수행하였다.

그는 백조목 모양의 플라스크를 이용한 실험을 통해 미생물이 액체 내에서 자연적으로 생성되는 것이 아니라 외부로부터 들어온 미생물이 자란 것이라는 것을 보여줬다. 파스퇴르는 세균학의 기틀을 마련했으며 이는 소독법, 위생의 발전으로 이어졌다.

## 파스퇴르의 사망과 사후 평가

파스퇴르는 애국자로서의 명성도 매우 높았다. 1870년 프랑스와 프로이센(독일)이 전쟁을 시작하였는데, 프로이센의 비스마르크가 기갑부대를 동원해 파리를 포위하여 승리하자 양국 간에 휴전 협정이 조인되고, 프랑스는 독일에 배상금을 지불하였다. 당시 파스퇴르는 미생물학 업적으로 프로이센의 본대에서 의학박사 학위를 받은 상태였다. 그는 "과학에는 국경이 없다. 그러나 과학자에게는 조국이 있다"는 유명한 말을 남기며 학위를 돌려주었다고 한다. 그리고 프랑스 맥주가 독일 맥주보다 더 맛있게 제조되도록 연구에 매진하였다고 한다.

파스퇴르는 세계적으로 가장 널리 알려지고 인정받으며 칭송받는 과학자 중인 이유는 파스퇴르와 관련된 단 세 가지 '발견', 즉 자연발생설의 부정(구체적인 증거 제시, 1862년), 포도주의 저온 살균(1863년), 그리고 인간을 대상으로 한 최초의 광견병 예방 백신 접종(1885년) 등과 같은 사실만 떠올려도 쉽게 이해할 수 있을 것이다.

그러나 파스퇴르는 이보다 훨씬 더 다양한 분야에서 일관된 맥락을 가지고 활동했던 과학자이다. 화학자 겸 물리학자로서 초기 경력부터 의학적 발견과 미생물학과 근대 면역학의 토대를 놓은 생물학의 실험을 거치는 동안 파스퇴르는 몽매주의(蒙昧主義, obscurantism)의 그림자를 물리치고, 과학적 연구 및 실험이라는 힘을 통해서 지식의 경계를 확장하고, 사회적 진보를 위해서 궁극적으로는 전체 인간을 위한 발전을 위해서 봉사하고, 동시대인을 위한 새로운 지식을 자리잡게 함으로써 19세기의 이상적 과학자의 모습을 실현한 인물이었다.

프랑스 국민은 조국을 위해 힘을 다한 파스퇴르에게 감사하여 그를 위해 파스퇴르 연구소를 세웠다. 1888년에 세워진 파스퇴르 연구소는 오늘날까지도 세계에서 가장 뛰어난 미생물 연구소다. 그는 이곳에서 전염병으로부터 인류를 구원하기 위해 몸을 아끼지 않았다.

그러나 1895년, 1868년부터 일련의 발작에 의한 합병증이 원인이 되어, 파리 근교에서 73세의 나이로 사망하였다. 그의 장례는 프랑스 정부의 주도로 국장으로 치러졌다. 노트르담 대성당에 매장되었지만, 곧 유해는 파스퇴르 연구소의 지하 성당으로 이장되었다.


## 의사보다 더 많은 사람 구한 과학자

프랑스에서는 역사적 인물 가운데 가장 위대한 사람을 뽑는 투표에서 나폴레옹을 제쳐 놓고 파스퇴르를 뽑았다고 한다. 그들에게는 유럽 전체를 누빈 나폴레옹도 영웅이지만, 수천만 명의 생명을 앗아가는 전염병의 위협으로부터 인류를 해방시킨 파스퇴르가 더욱 진정한 영웅이었던 것이다.

1880년대 '세균 사냥꾼'으로 불리는 미생물학자 루이 파스퇴르와 로베르트 코흐의 등장으로 인류의 전염병과의 싸움은 새로운 전기를 맞게 되었다. 파스퇴르는 탄저균을, 코흐는 결핵균과 콜레라균을 발견하였고, 특정 세균이 특정 질환을 일으킨다는 사실을 밝혀냈기 때문이다.

과학은 종종 우연한 사건으로 발견된다. 당시 유럽은 탄저병과 콜레라가 돌던 시절이었다. 파스퇴르의 실험 보조원은 실험용 닭에게 콜레라균을 주입하는 것을 깜빡 잊고 있다가 며칠 후에 주사하였다. 신기하게 닭은 죽지 않았고 오히려 콜레라균에 저항력을 갖게 되었다. 이 현상을 놓고 파스퇴르는 며칠 동안 약해진 균이 닭에게 병을 일으키지 못했고, 오히려 닭이 항체를 만드는 데 도움을 줬다고 추정하였다.

그는 우연한 발견을 놓치지 않고 연구해 병균의 독소를 약하게 한 액체를 만들고, 그것을 예방 주사하면 병에 걸리지 않는다는 사실을 발견하였다. 바로 백신이다. 후에 광견병 백신도 만들어져 지구에서 광견병에 대한 공포를 완전히 추방시켰다. 그의 나이 62세 때이다.

파스퇴르는 의사가 아니면서 의사보다 더 많은 사람을 구한 과학자다. 파스퇴르가 사망한 1895년까지 약 2만 명의 환자가 백신 치료를 받았는데, 그 중 사망한 사람은 고작 100명 이하였다. 이후 전염병의 원인과 치료법 연구가 계속 쏟아져 현재 세균은 항생제라는 '창'으로, 바이러스는 백신이라는 '방패'로 막아내고 있다.

## 세계적 중요성·고유성·대체 불가능성

루이 파스퇴르는 국제단체로부터 수차례에 걸쳐 업적을 인정받아왔다. 1856년 영국 왕실협회(Royal Society)는 파스퇴르에게 럼퍼드 메달(Rumford Medal)을 수여하였다. 1869년 왕실협회는 파스퇴르를 외국인 회원으로 임명했고, 1874년에는 코플리 메달(Copley Medal)을 수여하였다. 독일에서는 그에게 1868년 본(Bonn) 의학대학 명예박사 학위를 수여했으나, 파스퇴르는 1870년 전쟁이 발발했을 때 반환하였다. 같은 해에 오스트리아 농림부는 파스퇴르에게 10,000길더의 상금과 함께 상을 수여하였다. 탄생 70주년을 맞아 옥스퍼드대학교에서는 파스퇴르에게 과학 박사 학위를 수여하였고, 이 밖에도 수많은 해외 대학들이 그에게 명예박사 학위를 수여하였다.

프랑스에서는 아카데미가 수여하는 상 이외에 저온살균법의 발견에 대해서 1867년 만국박람회 그랑프리를 받았고 1883년에는 농업 훈장을 받았다. 동시대인들에 의한 이러한 인정은 파스퇴르가 남긴 업적의 광범한 규모와 범위로 충분히 이해할 수 있으며, 당시 파스퇴르가 과학계에 미친 영향을 십분 짐작할 수 있을 것이다.

과학 및 기술 분야의 역사가들은 파스퇴르의 공헌의 파급력에 대해서 기술했는데 이것은 프랑스 국립도서관과 아카데미데시앙스에 소장된 루이 파스퇴르에 관한 기록 일체를 묶은 파스퇴르 컬렉션의 중요성을 증언하는 것이기도 하다.

이 기록물은 전 세계적인 범위에서 과학·의학·경제·사회적 발전의 기초가 되었던 것으로 증명된 창의력의 융합이며, 생산적 직관과 실험 일체에 관한 고유한 자료이다.

1860년부터 그는 '생물은 축축한 진흙에 햇빛이 비칠 때 우연히 발생한다'는 '자연 발생설'과 치열한 싸움을 전개하였다. 파스퇴르는 미생물은 자연히 발생하는 것이 아니라 공기 중에 존재하는 미생물이 용액 안으로 들어가기 때문이라고 생각하였다. 그때까지의 학설을 완전히 뒤엎는 것이다. 이를 증명한 '백조 목 플라스크의 실험'은 아주 유명하다. 그는 백조의 목처럼 S자 모양의 길고 가는 곡선의 플라스크를 만들어 그 안에 고깃국을 넣었다. 용액을 끓인 뒤 구부러진 목 부분에 물을 채워 외부로부터 생물이 들어오지 못하도록 했더니 오래돼도 고깃국이 상하지 않았다. '자연 발생설'이 잘못된 이론임이 밝혀지는 순간이었다.

# 우리 문화재의 지킴이, 간송 전형필

전형필(1906~1962)

　'문화재'라는 말은 사람들에게 널리 알려진 용어이다. 문화재를 보다 정확하게 정의한다면 "인위적이거나 자연적으로 형성된 국가적·민족적 또는 세계적 유산으로서 역사적·예술적·학술적 또는 경관적 가치가 큰 것"이라고 할 수 있다. 그 중 인위적으로 형성되었다는 뜻은 우리 정서를 살려서 만들었다는 뜻이기 때문에 그 문화재에는 우리의 정신과 풍속과 역사가 담겨져 있다는 것이다.

　우리는 오랜 역사를 지닌 민족으로서, 일찍부터 훌륭한 문화를 이룩하였고, 이는 여러 곳에 남아 있는 문화재들을 통하여 알 수 있다.

　이러한 문화재의 가치를 젊은 시절부터 깨닫고 이를 보존하기 위하여 전 재산을 쏟아 넣은 사람이 바로 전형필 선생이다. 부모로부터 많은 재산을 물려받은 젊은 20대의 전형필 선생은 자신의 욕망을 채우는 데 재산을 탕진하지 않고 민족의 정신이 깃든 문화재를 구입하여 보존하는 데 재산을 모두 소비하였다는 점은 오늘날 재벌가의 2세, 3세들 중의 일부에서 소비의 과시나 사회적 물의를 일으키는 것을 본다면 더욱더 귀감이 되고 있다.

## 출생과 학업

전형필(全鎣弼) 선생은 1906년 7월 29일 출생하여 일생 동안 대한민국의 문화재 수집를 수집하고 보존한 연구가이며 교육가이다. 자는 천뢰(天賚), 호(號)는 간송(澗松), 지산(芝山), 취설재(翠雪齋)이다. 현재의 서울특별시인 한성부에서 태어났다.

증조부 전계훈은 중군(中軍, 西班, 정3품)은 배오개 시장(지금의 종로4가) 중심의 종로 일대의 상권을 장악한 10만 석 부호가이었다. 아버지는 내부주사(內部主事) 및 참서관(參書官), 중추원 의관을 지낸 아버지 전명기(全命基)의 차남이다. 전형필 선생은 부유한 가정에서 자라며 유복한 어린 시절을 보냈지만, 그가 아홉 살 되던 해부터 조부와 조모, 양부와 친형 등 집안 어른들이 잇달아 죽으면서 큰 불행을 겪었다. 1929년 친부마저 사망하면서, 전형필 선생은 집안의 유일한 상속자로서 막대한 재산을 물려받았다. 그가 상속받은 논만 4만 마지기(1마지기를 200평이라고 하면 800만평에 이름)로, 당시 서울의 기와집 2,000천 채에 해당하는 재산이었다. 약관 24세에, 간송은 조선의 백만장자가 된 것이다.

전형필 선생은 소년시절부터 외사촌형인 소설가 박종화와 가깝게 지냈는데, 그로부터 투철한 민족의식과 역사의식을 배운다. 박종화를 따라 휘문고등보통학교에 진학하였고, 그곳에서 우리나라 최초의 서양화가인 춘곡 고희동을 만난다. 그리고 춘곡의 소개로 당대 최고의 금석학자이자 예술품에 대한 뛰어난 감식안을 가진 위창 오세창과 조우하게 되었다. 오세창으로부터 문화재에 대한 미감과 안목, 예술품에 담긴 민족의 고고한 정신과 그 가치를 배우게 된다. 23세의 전형필 선생과 43세의 춘곡 고희동, 65세의 위창 오세창이 만난 것은 한국미술사의 가장 극적인 장면 중 하나라고 평가되고 있다.

1921년 어의동 공립보통학교를 졸업하고 1926년에 휘문고등보통학교를 졸업했으며, 1929년에 일본 와세다대학 법학부를 졸업하였다.

## 문화재 수집의 시작

와세다대학을 졸업한 후 1932년 27세의 전형필 선생은 서울 관훈동의 한남서림(고서, 고서화를 취급하던 서점)을 인수하고, 우리 민족의 문화재들이 외부로 유출되는 것을 막기 위해 문화재들을 구입하기 시작한다. 전형필 선생이 문화재에 보다 큰 관심을 가지게 된 것은 휘문고등보통학교 스승이었던 춘곡 고희동과 독립운동가 위창 오세창의 영향이 컸다고 한다.

전형필 선생은 일제의 식민 통치 아래 말살되어 가는 민족정기를 되살리기 위하여 우리 민족 문화 전통을 단절시키지 말아야 하고, 그러기 위해서는 우리 민족 문화의 결정체인 미술품이 인멸되지 않게 한 곳에 모아 보호하여야 한다는 비장한 각오를 하였다고 한다. 오세창(吳世昌) 선생을 따라다니며 민족 문화재 수집과 보호에 심혈을 기울였다. 그가 물려받은 막대한 재력과 오세창의 탁월한 감식안 그리고 이런 문화적 민족 운동에 공명하는 많은 지식인들의 후원으로 이러한 전형필 선생의 거룩한 소망은 순조롭게 이루어져 갔다.

장차 우리 미술사 연구의 요람을 건설하려는 원대한 포부를 가지고 당시에는 한적한 교외이던 성북동에 북단장(北壇莊)을 1934년에 개설하여 필요한 부지를 확보하고, 1938년 일제의 강력한 물자 통제령에도 불구하고 북단장 내에 보화각(葆華閣)을 건축하여 우리나라 최초의 사립문화재박물관을 설립하였다. 1945년 해방 후 혼란기와 1950년 한국전쟁 중에도 한국의 문화재들을 지켜내었다.

그는 민족의식이 투철하고 서화에 일가를 이룬 오세창의 측근 문사들과 교유를 가졌다. 권동진(權東鎭)·민형식(閔衡植)·고희동(高羲東)·지운영(池雲英) 등의 전배(前輩)들과 이상범(李象範)·노수현(盧壽鉉)·이마동(李馬銅)·김영랑(金永郎) 등의 동년배들이 그들이다. 이들과의 교유 속에서 그의 탁월한 예술 감각은 자신의 서화 자체를 가경(佳境)에 이르게 하였을 뿐만 아니라, 그 감식안을 청람(靑覽)의 경지로 향상시켜 놓았다. 그러나 그는 이런 자신의 능력을 전혀 드러내지 않은 채 10만 석 가산을 탕진한다는 비방을 들을 정도로 오직 문화재 수집에만 혼신의 힘을 기울였다. 그 결과 우리 미술사에서 서성(書聖)·화성(畫聖)으로 높이 추앙할 수 있는 김정희(金正喜)와 정선(鄭敾)의 작품이 집중적으로 수집되어 그에 대한 올바른 연구가 이루어질 수 있게 하였다.

또한 심사정(沈師正)·김홍도(金弘道)·장승업(張承業) 등 조선시대 전반에 걸친 화적은 물론, 서예 작품까지 총망라하였고, 고려 및 조선 자기와 불상·불구·와전 등에 이르는 문화재들을 방대하게 수장하였다. 뿐만 아니라 우리 미술사 연구를 위한 인접 자료인 중국 역대 미술품을 수집하는 것도 게을리 하지 않았다.

문헌 자료의 구비를 위하여 1940년부터는 관훈동 소재 한남서림(翰南書林)을 후원, 경영하면서 문화사 연구에 필요한 전적을 수집하여 한적(漢籍)으로 1만 권의 장서를 이루어놓았다. 그리고 당시 국내외에서 발간되는 문화사 관계 서적들도 가능한 한 수집하여 장차 연구에 대비하도록 하였다.


## 교육사업에 참여와 고고미술동인회 창립

인재 양성이 또 하나의 절실한 문제임을 통감하고 1940년 6월 재단법인 동성학원(東成學園)을 설립하여 재정난에 허덕이는 보성고등보통학교(普成高等普通學校)를 인수하여 육영 사업에 착수하였다. 광복 후에는 잠시 보성중학교장직을 역임(1945. 10.~1946. 10.)하기도 하였다.

1960년에는 이전부터 그를 돕던 김상기, 김원룡, 최순우, 진홍섭 등과 함께 '고고미술 동인회'를 만들고 《고고미술(考古美術)》이란 동인지를 발간하기도 하였다. 현재 한국미술사학회의 전신인 고고미술동인회는 한국 최초의 미술사학회이다.


## 사후 평가

전형필 선생은 1962년 1월 26일 서거 후 보화각은 전형필 선생의 유족들과

지인들에 의해 한국민족미술연구소와 간송미술관으로 개편되었고, 간송미술관에서는 1971년 봄부터 '겸재전'(謙齋展)주제를 시작으로 2014년 가을까지 1년에 두 차례씩 무료로 일반인들에게 공개하였다. 현재는 간송미술문화재단이 설립되어 더 많은 사람들에게 간송컬렉션을 선보이고자 동대문디자인프라자＆파크에서 간송문화전을 진행하고 있다.

문화재청에서는 그의 업적을 기려 2012년 12월 14일 전형필 선생의 가옥을 등록문화재 제521호로 지정하여 지정·관리하고 있다. 전형필 선생에게 1962년 대한민국 문화포장, 1964년 대한민국 문화훈장 동백장, 2014년 대한민국 금관문화훈장이 각각 추서하였다.

전형필 선생은 일제의 민족 문화 말살정책에 맞서 우리 문화재를 지켜낸 문화재 수장가이다. 전형필은 자신의 전 재산을 바쳐 우리 문화재가 다른 나라로 유출되는 것을 막고, 문화재의 보존과 관리, 연구와 전승을 위해 자신의 삶을 바쳤다. 그가 세운 '간송미술관'은 문화재에 담긴 우리 민족의 정신을 보호하고 후손들에게 우리 문화에 대한 자긍심을 일깨우려는 노력의 소산이다.


## 훈민정음 해례본의 수집

1942년 경상북도 안동에 소재되어 있던 훈민정음 해례본은 원래 광산 김씨 종가의 긍구당 서고에 보관되어 오던 광산 김씨 문중의 가보였다고 한다. 세종이 광산 김씨 문중에 여진정벌의 공로를 치하하는 의미로 내린 서책이라는 것이다.

그런데 당시 이 집안의 사위였던 이용준이 매월당집 등을 비롯하여 훈민정음 해례본을 몰래 빼돌려 안동의 자택에서 보관하고 있다가 김태준을 통해 전형필 선생에게 훈민정음 해례본만 만원에 판매하였다. 최초 판매가로 천원을 제시하였으나 원래 문화재의 가치를 정확히 치르는 것으로 유명했던 전형필 선생은 금액이 너무 적다고 생각하여 거간 노릇을 한 김태준에게 천원을, 그리고 훈민정음 해례본의 가격으로 만원을 치렀다.

당시 천원이면 좋은 기와집 한 채를 살 수 있었다고 한다. 이후 학계에 훈민 정음 해례본이 발견되면서 학자들 사이에 논란이 일었던 한글 창제 원리가 이 훈민정음 해례본에 의해 밝혀졌다. 후에 이 훈민정음 해례본은 1962년 12월 20 일 대한민국의 국보 제70호로 지정되었다. 이후 1997년 10월에 대한민국의 유네 스코 세계기록유산으로 등재되었기도 하였다.

## 존 개츠비의 소장품인 고려청자의 수집

1937년 2월 일본 신문에는 일본의 경쟁자들을 물리치고 민족 문화를 되찾 은 전형필 선생의 기사가 연일 보도되었다. 일본에 살다가 영국으로 귀국하려던 변호사 존 개즈비(John Gadsby)가 당시 자신의 소장품을 팔고자 하였고, 이 소식 을 들은 전형필 선생이 직접 일본에 건너가 협상을 벌였던 것이다.

개츠비로부터 사들인 국보급 고려청자 20점은 모두 사십 만원에 사들였는 데 원래 제시한 가격은 오십만원 이상이었으며, 많은 경쟁자들이 있었지만 전형 필 선생의 애국적인 태도와 문화재 사랑에 감동하여 개즈비의 청자와 백자들이 전형필 선생에게 양도되었고, 인터뷰에서도 자신의 소장품들이 고국인 한국으로 가게 되어 매우 기쁘다는 의견을 남기기도 하였다.

이를 위해 간송은 공주에 있던 2백석지기의 농장을 팔았는데, 당시 개즈비 의 소장품으로는 국보 제65호 청자 기린형 뚜껑 향로(靑磁麒麟形蓋香爐), 국보 제 66호 청자 상감연지원앙문 정병(靑磁象嵌蓮池鴛鴦文淨甁), 국보 제74호 청자 오리 모양 연적(靑磁鴨形硯滴), 국보 제270호 청자 모자원숭이 모양 연적(靑磁母子猿形硯 滴), 보물 제238호 백자 박산형 뚜껑 향로(白磁博山形蓋香爐) 등이 있다. 이 외에도 일본에 유출된 국보 제135호 신윤복필 풍속도 화첩(申潤福筆風俗圖畵帖)을 파격적 인 고가에 다시 사왔고, 1768년에 심사정이 그린 촉석도는 보존 상태가 좋지 않 아 산 가격만큼의 거금을 들여 보수를 다시 맡기기도 하였다.

한국전쟁 중 북한 인민군들이 전형필의 소장품들을 모두 가져가려 하자 포장을 맡아 하던 소전 손재형과 혜곡 최순우가 이 핑계 저 핑계로 가져가지 못하도록 하였고 뜻대로 되지 않자 일부러 계단에서 굴러 다리가 부러진 척을 해 시간을 끌었다고 한다. 전형필 선생 또한 피난을 가지 않고 보화각 근처 빈 집에 숨어 소장품이 훼손될까 노심초사하였다고 한다.

# 10    애플사의 창업자, 스티브 잡스

스티브 잡스(1955~2011)

인터넷 시대를 여는 데 기여한 인물이 빌 게이츠라고 한다면 손으로 들고 다니는 컴퓨터(스마트폰)를 개발한 천재적인 사람은 스티브 잡스라고 할 수 있다. 스티브 잡스는 스티브 워즈니악과 함께 애플을 1976년에 창업했지만 1985년 회사를 떠났다. 이후 1996년 복귀해 2011년까지 애플의 최고경영자(CEO)로 재직하였다. 스티브 잡스는 애플에서 아이맥, 아이북, 아이팟, 맥 OS X, 아이폰, 아이패드 등 애플의 상징적인 제품들을 세상에 선보였다.

스티브 잡스는 2011년 췌장암으로 세상을 떠났지만 애플은 스티브 잡스가 사망한지 9년이 되는 2020년에 2조 달러(약 2,589조원)의 기업가치를 달성한 최초의 미국 기업이 됐다. 2023년에는 시가총액이 3조 1000억 달러(약 4,012조 9,500억 원)에 이를 것으로 예상된다.

## 잡스의 출생과 가정환경

스티븐 폴 스티브 잡스(Steven Paul Steve Jobs)는 1955년 2월 24일 출생한 미국의 기업인이었으며 애플의 전 최고경영자(CEO)이자 공동 창업자이다. 2011년

10월 5일 췌장암으로 사망하였다.

　　스티브 잡스는 친어머니 조앤 시블의 아들로 태어났지만, 친할아버지의 반대로 폴 잡스와 클래라 헤고피언 부부에게 입양되었다. 잡스에게 그가 생물학적 부모에게 버림받고 입양되었다는 사실은 그의 정체성을 형성하는 데 큰 몫을 하였다고 전해진다. 잡스는 친부모에 대한 언급을 할 때에는 매우 퉁명스러웠으나, 그의 양부모에 대해서는 "그분들은 1,000퍼센트 제 부모님입니다"라고 말한 적이 있을 정도로 매우 큰 친밀감을 나타내었다고 한다.

## 친부모

　　잡스의 친어머니는 조앤 시블로, 독실한 가톨릭 신자인 아버지(잡스의 친할아버지) 밑에서 자랐다. 시블은 위스콘신 대학교 대학원에 다니며 잡스의 친아버지인 시리아 출신의 압둘파타 존 잔달리와 사랑에 빠지게 되었다. 압둘파타 존 잔달리는 시리아의 명문 집안에서 3형제 중 막내로 태어났다. 잔달리의 아버지는 교육을 매우 중시하였으며, 잔달리는 예수회 기숙학교와 아메리칸 대학교를 거쳐 미국의 위스콘신 대학교 정치학과의 조교로 활동하며 시블을 만났다. 시블은 잔달리와 함께 1954년 여름 함께 시리아를 방문하였을 때 임신을 하게 되었지만 시블의 아버지가 잔달리와 결혼하면 부녀의 연을 끊겠다고 위협하는 탓에 입양을 결심하게 되었고, 위스콘신을 벗어나 샌프란시스코에서 생활하며 잡스를 낳았다.

　　시블은 아이가 대졸 이상의 학력을 가진 부부에게 입양되어야 한다고 믿었지만 고등학교 중퇴인 입양부모 잡스 부부가 아이를 꼭 대학에 보내겠다고 서약서를 써서 보내자 입양 문서에 서명을 하였다고 한다. 시블은 그 당시에 위독한 상태였던 아버지가 눈을 감으신 후 결혼을 하면 아이를 되찾을 수 있을 것이라 믿었지만 입양 절차가 비밀로 진행되었기 때문에 20년 후에야 아들인 스티브 잡스를 만나게 되었다. 시블의 아버지는 입양 절차가 끝난 몇 주 후에 사망했으며, 그 후 시블과 잔달리는 성공적으로 결혼을 하였다. 잔달리는 졸업 후 시리아로 떠났지만, 행복을 느끼지 못하여 그린베이로 돌아가 모나 심프슨이라는 딸을 낳고 살게 되었다.

## 양부모

스티브 잡스의 양아버지인 폴 라인홀트 잡스는 위스콘신주 저먼타운에서 자랐으며, 점잖고 얌전한 성격을 가지고 있었다. 고등학교 중퇴 후에는 기계공으로 일하였으며, 열아홉살 때에는 해안경비대에 입대하여 기계공으로서의 자질을 인정받기도 하였다. 클래라 헤고피언은 스티브 잡스의 양어머니로, 뉴저지 주에서 아르메니아 이민자의 딸로 태어났으며 상냥한 성품을 가지고 있었다. 그녀에게는 비밀스러운 과거가 있었는데, 폴 잡스를 만나기 전에 결혼을 하였으나 남편이 전쟁에 나가 사망하였다는 사실이다. 폴 잡스와 클래라 헤고피언은 폴 잡스가 해안경비대에서 제대하면서 동료들과 한 내기로 인해 만나게 되었고, 1946년 3월 약혼하였다. 그들은 위스콘신에 있는 잡스의 부모 집에서 같이 살다가 인디애나 주로 집을 옮겼고, 그 후 클래라 잡스의 설득으로 샌프란시스코의 선셋디트릭트로 옮겨 생활하였다. 잡스 부부는 행복한 생활을 하였지만, 클래라가 아이를 가질 수 없어 1955년 아이를 입양하기로 결정하고, 아이에게 스티븐 폴 잡스라는 이름을 붙여 주었다. 잡스 부부는 잡스가 어릴 적에 입양 사실을 밝혔으며, 혼란스러워하는 잡스를 많이 보듬어 주었다.

양아버지 폴 잡스는 세일즈맨과 동시에 중고차를 사들인 후 수리하여 재판매하는 일을 하였는데, 스티브 잡스에게 기계에 대한 자신의 열정을 물려주려고 하였다. 예를 들면, 해체하여 다시 조립할 수 있는 물건을 주는 식이었다. 어린 시절 잡스의 집은 마운틴뷰에 있었는데, 폴 잡스는 차고 안에 있던 작업대의 반을 스티브에게 주며 보이지 않는 뒷부분도 앞면과 같이 신경을 쓰는 것이 중요하다는 철학을 전달해 주었다. 이는 후에 잡스의 제품 철학이 된다. 하지만 잡스는 실제로 기계를 다루는 데에는 큰 흥미를 보이지 않았다. 오히려 아버지가 부품을 구하기 위해 흥정을 하는 모습을 흥미롭게 지켜보았다.

잡스의 집은 디아블로가 286번지에 위치해 있었는데, 이 일대의 집들은 대부분 부동산 개발업자 조셉 아이클러가 지은 것이었다. 아이클러는 깨끗하고 심플하면서도 저렴한 주택들을 지었으며, 잡스는 아이클러의 깔끔한 디자인이 애플 컴퓨터가 애초부터 추구했던 디자인이라 밝혔다.

당시 캘리포니아에는 군수산업 붐이 일어났으며, 첨단 기술이 밀집된 지역이 되었다. 그 영향을 받아 잡스는 동네의 어른들에게 여러 질문을 하며 엔지니어링에 대한 흥미를 키워갔다.

## 학창 시절(1): 초등학교

잡스가 초등학교에 다녔을 때, 양아버지 폴 잡스는 부동산 중개업을 시작하였다. 불행히도 몇 개월이 되지 않아 부동산 시장에 불황이 닥치면서 잡스 가족은 약 2년 동안 재정적으로 매우 어려운 시기를 보냈다. 잡스는 초등학교에 다니면서 자주 학교에 가지 않는 사고뭉치로 알려지기도 하였다. 초등학교에 다니기 전 클라라 잡스는 잡스에게 책 읽는 법을 가르쳐 주었는데, 이는 잡스가 학교 공부에 집중하지 못하게 된 계기가 되었다. 잡스는 몬타로마 초등학교에서 친한 친구 릭 페렌티노와 함께 여러 가지 말썽을 피웠다고 한다. 예를 들어, 담임 선생의 의자 밑에 폭음탄을 설치하여 골탕을 먹이기도 하였다는 것이다. 잡스는 여러 가지 말썽을 피워서 두세 차례 귀가 조치가 이루어지기도 하였지만, 양아버지 폴 잡스는 학생이 학교에서 공부에 흥미를 가지지 못한다면 그것은 선생의 잘못이라고 말하면서 잡스를 나무라거나 혼내지는 않았다고 한다.

초등학교에 다니고 있는 스티브 잡스를 통제하여 교사의 훈육을 받아들이게 할 수 있었던 사람은 이머전 힐이라는 교사였다고 한다. 이머전 힐 선생은 잡스를 통제할 수 있는 방법으로 인센티브를 제공하여 동기부여하였다고 한다. 처음에는 그 여선생이 금전과 사탕을 주는 방법으로 잡스의 관심을 끌었지만 나중에는 잡스가 도리어 그 여선생을 기쁘게 하려는 목적으로 학업에 열중하였다고 한다. 4학년 말에 잡스는 이머전 힐 선생의 권유 아래 수학 능력 평가를 보았고, 고등학교 2학년 수준의 수학 능력이 있다는 결과가 나오자 잡스 부부는 잡스를 한 학년만 월반시키기로 결정하였다.

## 학창 시절(2): 중학교

잡스는 부모의 결정에 따라 크리텐든 중학교로 옮겨 학업을 계속하였다. 하지만 다양한 인종의 갱단으로 물들어 있던 크리텐든 중학교는 잡스에게 큰 고통을 주었다. 따라서 잡스는 부모에게 다른 중학교로 전학을 요구하였고, 가장 안전하고 우수한 지역으로 알려져 있는 캘리포니아 주 쿠퍼티노로 이사하여 그곳에 위치한 쿠퍼티노 중학교에 다니게 되었다.

## 학창 시절(3): 고등학교

잡스는 9학년(현재의 중학교 3학년)이 되자마자 홈스테드 고등학교에 진학하였다. 고등학교 시절에 그는 다양한 경험을 하게 되었는데, 주된 경험으로 들 수 있는 것이 반문화 운동이었다. 잡스는 반문화 운동에 빠져 있던 12학년의 여러 학생들과 많은 교류를 하면서 전자공학과 수학, 과학 등에 대한 많은 이야기를 나누었으며 마약의 한 종류인 LSD와 반문화 운동 전반에 대해서도 흥미를 보였다. 잡스는 후에 실리콘밸리의 전설이 된 존 매콜럼의 전자공학 수업을 듣기도 하였는데, 군대식 규율을 중요시하는 맥콜럼에게 권위에 대한 반감을 숨기지 않았다고 한다.

잡스는 매콜럼에게 대항하여 미움을 받았지만, 잡스와 함께 애플사를 공동

창업한 스티브 워즈니악은 맥콜럼의 총애를 받았던 학생이었다고 한다. 워즈니악은 잡스보다 다섯 살 많은 학생으로, 같은 동네에 살던 빌 페르난데스가 워즈니악에게 잡스를 소개해 주었다. 1971년, 워즈니악과 잡스는 애플의 탄생에 큰 기여를 한 블루 박스를 제작하고 판매하였다.

잡스는 초등학교 때부터 알고 지내던 래리 랭의 차고를 종종 방문하였는데, 랭은 잡스에게 히스키트라는 아마추어 전자공학 키트에 관심을 가지게 하였고, 이 키트 덕분에 잡스는 어려서부터 전자제품의 작동원리를 익히게 되었다.

또한 랭은 HP 탐구자 클럽에 잡스를 합류시켰고, 잡스는 이 클럽에서 거대한 몸집의 컴퓨터들을 볼 수 있었고, 잡스는 이 컴퓨터를 매우 인상적으로 바라보았다고 한다.

그는 후에 컴퓨터를 본 인상을 이렇게 표현하였다. "거기서 나는 첫 데스크톱 컴퓨터를 봤어요. 9100A라고 불린 그것은 사실 계산기를 미화해 말하는 것이었지만 진정 최초의 데스크톱 컴퓨터이기도 했지요. 20킬로그램 정도 되는 거대한 몸집이었지만 정말 아름다웠어요. 첫눈에 반해 버렸지요"라고.

잡스는 고등학교 시절에 HP의 조립라인에서 반복되는 조립을 하는 일과 신문 배달, 전자 기기 상점에서 재고품을 정리하는 일 등을 하였다. 잡스는 HP에서 동료 직원들보다는 위층에서 일하는 엔지니어들과 더 친해졌으며, 전자 기기 상점에서는 다양한 전자 기기들을 접하며 즐거워하였다고 한다.

또한 잡스는 고등학교 때 자신이 해야 할 일에 대해서 어렴풋이나마 알게 되는데, 전자공학과 창작의 교차점에 서 있는 자신을 발견한 것이었다. 그는 과학 분야가 아닌 다른 여러 분야의 책들도 관심을 가지고 많이 읽기 시작하였고, 음악도 많이 들었다고 한다. 잡스는 특히 〈리어 왕〉과 〈모비 딕〉, 그리고 딜런 토머스의 시를 좋아하였다고 한다.

## 학창 시절(4): 대학교

대학 진학을 결정해야 될 시기가 되자 잡스는 양부모 잡스 부부에게 대학교에 진학하지 않겠다고 선언하였다. 그러나 잡스 부부는 잡스를 입양할 당시인 17년 전에 꼭 대학에 보내겠다고 약속하였고, 잡스의 대학 진학을 위해 학자금을 어느 정도 모아 둔 상태였으므로 잡스를 설득하였다. 이에 대응하여 잡스는 일부러 학비가 훨씬 싼 주립 대학교에는 절대 진학하지 않겠다고 선포했으며, 오로지 오리건주 포틀랜드의 리드칼리지에 가겠다고 고집을 부렸다. 결국 잡스는 1972년 리드칼리지에 입학하여 철학 공부를 시작하였으나 리드칼리지에서 1학기만 수강한 후 중퇴하였다. 1974년에는 캘리포니아로 돌아와 아타리에서 일을 하였고, 나중에 워즈니악의 권고로 홈브루 컴퓨터 클럽에 나가게 되었다.

잡스는 필수 과목들을 반드시 이수해야 한다는 학교의 규정에도 불구하고 잡스는 자신이 흥미를 가지고 있는 과목의 수업에만 들어갔다. 이때 들을 가치가 없는 수업을 위해서 부모님이 비싼 학비를 낸다는 것에 대해 죄책감을 느끼기 시작하여 1학기만 수강한 후 리드칼리지를 중퇴하였다. 그러나 잡스는 리드칼리지를 떠나지는 않고, 기숙사 주임을 설득하여 자퇴 후에도 기숙사에 머물 수 있게 허락을 받았고, 수업도 청강할 수 있도록 조치를 받았다고 한다.

그 후 18개월 동안 잡스는 학교에 머물면서 여러 강의를 자유롭게 들었으며, 특히 캘리그래피(멋글씨)(글자를 다루는 시각디자인의 한 분야로, 출판계에서는 책의 주제를 아름다우면서도 개성있는 글씨로 요약하여 표현하는 것을 목적으로 표지 디자인에 응용한다) 강의에 흥미를 보였다. 캘리그래피 강의는 이후 트루타입 폰트를 애플 제품에 적용하면서 수려한 글자체를 만들어 내는 데 도움이 많이 되었다고 한다.

## 대학 중퇴 이후 진로 모색

1974년 2월, 잡스는 캘리포니아주 로스앨터스의 양부모에게 돌아와서 직장을 구하기 시작하였고, 구인 광고에 "즐기면서 돈 버는 곳"이라고 적혀 있었던 비디오게임을 제조하는 아타리사의 건물 로비에 들어가서 채용해 줄 때까지 버티고 있겠다고 고집을 부렸다고 한다. 결국 아타리사의 공동 창업자이자 수석 엔지니어였던 앨 알콘에 의해 고용되게 되었다. 아타리사에서 잡스는 고집스러운 면과 남을 깔보는 성격을 나타내 보였지만, 아타리사의 창업자 놀런 부슈널은 잡스를 높게 평가하여 그가 야간 근무를 할 수 있도록 도왔다고 한다. 잡스는 아타리사에서 몇몇 게임이 개선되도록 도왔으며, 복잡한 설명서를 읽을 필요가 없는 직관적이고 단순한 아타리 게임에 큰 영향을 받았다고 한다.

잡스는 아타리사에서 일하고 있던 1974년 초, 인도 순례 여행을 떠났고 7개월간의 여행 후 다시 아타리사로 돌아와서 계속 일하였다고 한다. 부슈널은 잡스에게 브레이크아웃(Breakout)이라는 벽돌 깨기 게임을 설계할 것을 지시하였는데, 칩을 50개 미만으로 사용하면 줄어든 칩에 비례해 보너스를 주겠다고 약속하였다고 한다. 잡스는 워즈니악에게 보수를 반씩 나누는 조건으로 도움을 청하고 워즈니악은 불과 4일 만에 45개의 칩만으로 게임을 설계해내지만, 잡스는 워즈니악에게 기본 수고비의 절반인 350달러만 주었다고 한다. 잡스가 아타리사로부터 받은 돈은 5,000달러였다고 한다.

그리고 자신의 집 차고에서 애플사를 설립하여 나중에는 큰 사옥을 갖기까지 발전시켰으나, 이후 매킨토시 프로젝트 등이 실패하면서 결국 애플사에서 퇴출당하였으나 이후 애플사는 엄청난 적자를 기록하다가 다시 스티브 잡스를 CEO로 맡기게 되었고, 그 후 엄청난 성장을 마련하는 전기가 되었다.

## 애플사 공동창업

1976년 스티브 워즈니악, 로널드 웨인과 함께 애플을 공동 창업하고, 애플 2를 통해 개인용 컴퓨터를 대중화하였다. 또한, GUI와 마우스의 가능성을 처음으로 내다보고 애플 리사와 매킨토시에서 이 기술을 도입하였다. 1986년 경영분쟁에 의해 애플에서 나온 이후 NeXT 컴퓨터를 창업하여 새로운 개념의 운영 체제를 개발하였다. 1996년 애플이 NeXT를 인수하게 되면서 다시 애플로 돌아오게 되었고 1997년에는 임시 CEO로 애플을 다시 이끌게 되었으며 이후 다시금 애플을 혁신해 시장에서 성공을 거두게 이끌었다. 2001년 아이팟을 출시하여 음악 산업 전체를 뒤바꾸어 놓았다. 또한, 2007년 아이폰을 출시하면서 스마트폰 시장을 바꾸어 놓았고 2010년 아이패드를 출시함으로써 포스트PC시대(Post－PC era)를 열었다.

## 컴퓨터 애니메이션 제작사인 픽사의 창업

스티브 잡스는 애니메이션 영화《인크레더블》과《토이 스토리》등을 제작한 컴퓨터 애니메이션 제작사인 픽사의 소유주이자 CEO였다. 월트 디즈니 회사는 74억 달러어치의 자사 주식으로 이 회사를 구입하였다. 2006년 6월 이 거래가 완료되어 잡스는 이 거래를 통해 디즈니 지분의 7%를 소유한, 최대의 개인 주주이자 디즈니 이사회의 이사가 되었다.

## 잡스의 암투병과 사망

2000년대 들어서 스티브 잡스의 건강이 악화되었으며, 2004년에 췌장암 수술도 받았다. 그러나 그의 건강이 회복되지 않았고 계속 악화되고 있다는 이야기가 나오는 가운데 애플 측은 주가 하락 등을 이유로 건강 이상설을 부인해 왔다. 그러나 2009년 6월 간 이식 수술을 받은 것으로 드러났으며, 호르몬 이상으로 체중 또한 지속해서 줄어 2009년부터 호르몬 치료도 받고 있는 것으로 알려졌다. 그의 건강 이상설에 따라서 주가가 무려 6%씩이나 등락하는 등 그의 영향력을 알 수 있는 계기가 되었으나, 애플이 너무 잡스에만 기대고 있다는 것을 보여주었다는 비판도 존재하였다.

2011년 1월에는 잡스의 건강이 다시 악화되어 병가를 냈다. 이에 따라 애플의 주가는 6.5% 급락하였다. 스티브 잡스의 건강에 대한 우려가 나오던 가운데 잡스는 백악관에서 만찬을 가졌고 사진도 공개되어 화제를 모았다. 이후 파파라치가 찍은 스티브 잡스의 사진이 공개되었는데 이전보다 훨씬 수척해진 모습이어서 췌장암 악화로 인한 6주 시한부설이 사실이 아니냐는 목소리가 나오기도 하였다. 그러던 중 2011년 3월, 아이패드2를 발표하기 위해서 잡스가 모습을 나타냈다. 잡스는 언론에 보도된 것보다는 건강한 모습을 보여 경영에 문제가 없음을 과시했으나, 이후 다시 병세가 급속히 악화되어 같은 해 8월 애플 CEO직을 사임하고, 최고운영책임자(COO)인 팀 쿡이 새로운 CEO를 맡는다고 밝혔다. 잡스는 CEO직에서 물러나지만 이사회 의장직은 유지시키기로 했으나, 췌장암으로 2011년 10월 5일, 향년 56세로 세상을 떠났다.

## CNN이 선정한 스티브 잡스의 명언 열 가지

미국의 언론사 CNN은 애플의 공동창업자 스티브 잡스가 사망한 후 1주기를 맞아 잡스의 통찰력이 깃든 명언 열 가지를 선정하여 보도하였다.

① "컴퓨터는 가장 놀랄만한 도구다. 컴퓨터를 쓰면 인간의 사고는 마치 걷다가 자전거를 타는 것과 같아진다." (1990년 영화 '메모리 & 이매지네이션')

② "나는 결국 물건을 많이 사지 않는데 이 물건들이 터무니없다는 걸 알게 되기 때문이다." (2005년 인디펜던트)

③ "죽음은 인생에서 가장 멋진 발명이라고 생각한다. 죽음은 쓸모없는 낡은 모델의 시스템을 없앤다." (1985년 플레이보이)

④ "사람들은 집중이란 집중할 것에 예스(yes)라고 말하는 것이라고 생각한다. 하지만 집중은 전혀 그런 게 아니다. 다른 좋은 아이디어 수백 개에 노(no)라고 말하는 게 집중이다. 실제로 내가 이룬 것만큼이나 하지 않은

것도 자랑스럽다. 혁신이란 1천 가지를 퇴짜 놓는 것이다." (1997년 애플 세계개발자콘퍼런스)

⑤ "최고의 부자가 되는 것은 나에게 별로 의미 없다. 밤에 잠자리에 들면서 대단한 일을 하였다고 말하는 것, 그것이 중요하다." (1993년 CNN머니/포천)

⑥ "내 일은 사람들을 살살 다루는 것이 아니라 이들이 더 나아지도록 하는 것이다." (2008년 CNN머니/포천)

⑦ "창조적인 방식으로, 예술가로 살려면 뒤를 너무 자주 돌아보지 말아야 한다. 당신이 한 일, 당신이 어떤 사람인지를 기꺼이 받아들이고 또 이것 들을 던져버릴 수도 있어야 한다." (1985년 플레이보이)

⑧ "혁신은 지도자와 그를 따르는 자를 구별 짓는다." (2001년 '스티브 잡스의 혁신 비밀')

⑨ "내 사업 모델은 비틀스다. 비틀스의 네 명은 상대방의 부정적 성향을 통 제하였다. 이들은 균형을 이뤘고 총합은 부분의 합계보다 컸다. 이것이 내가 사업을 보는 관점이다. 즉, 사업에서 대단한 일은 결코 한 사람이 아니라 팀이 해낸다는 것이다." (2003년 '60분')

⑩ "내 모든 기술을 바꿔 소크라테스와 오후를 함께 보내고 싶다." (2001년 뉴스위크)


## 《스티브 잡스 이야기》에서 명언 여섯 가지[1]

① 늙은 사람은 앉아서 '이게 뭐야?'라고 묻는데, 소년은 '내가 이걸로 뭘 할 수 있지?'라고 묻는다.(Older people sit down and ask, 'What is it?' but the boy asks, 'What can I do with it?')

② 자기가 세상을 바꿀 수 있다고 생각할 만큼 미친 사람들이 결국 세상을

---

1) 짐 코리건 저, 권오열 옮김, 《스티브 잡스 이야기》, 명진출판, 2010

바꾸는 사람들이다.(People who are crazy enough to think they can change the world are the ones who do.)

③ 매일 최후처럼 살면, 언젠가 당신은 가장 옳은 사람이 될 것이다.(If you live each day as it was your last, someday you'll most certainly be right.)

④ 우리가 이룬 것만큼, 이루지 못한 것도 자랑스럽습니다.(I'm as proud of what we don't do as I am of what we do.)

⑤ 다르게 생각하라.(Think different.)

⑥ 늘 굶주리고 엉뚱하게 생각하라.(Stay hungry, stay foolish.)

## 스티브 잡스 떠난 지 10년(2021년)··· 그가 세상을 변화시킨 다섯 가지 비결[2]

스티브 잡스가 췌장암으로 세상을 떠난 지 10년이 된 날을 맞아 스티브 잡스의 가족, 팀 쿡 애플 CEO, 전 애플 디자인 최고책임자 조너선 아이브 등이 그를 기리는 추모사를 발표하고, 잡스가 남긴 발자국을 되돌아보았다.

스티브 잡스를 대표하는 말은 '원 모어 씽(하나 더)'이다. 잡스는 애플의 신제품 발표회에서 항상 이 말을 하며 세상을 놀라게 한 제품과 기술을 공개하였다. 그가 떠난 지 10년이 지났지만 아직도 실리콘 밸리는 그를 잊지 못한다. 그의 기업가 정신과 창의성, 사생활 등은 수많은 회고록이나 증언을 통해 대중에 공개됐고, 많은 이들에게 영감을 줬다.

### (1) 세상을 바꿀 수 있다는 믿음을 가져라

스티브 잡스는 평범한 개인이 세상을 바꿀 수 있다고 믿었다. 지난 5일 애플이 홈페이지 화면에 올린 '스티브를 기리며'라는 2분 48초짜리 추모 영상에 이

---

2) 김성민, 스티브 잡스 떠난지 10년··· 그가 세상을 변화시킨 5가지 비결 [김성민의 실밸 레이더], 조선일보, 입력 2021.10.07. 08:15, 업데이트 2021.10.07. 08:30, https://www.chosun.com/economy/tech_it/2021/10/07/CEWTS57KMNAZ5CD2YBOLOSFOBU/

런 잡스의 생각이 잘 드러난다. 영상엔 잡스가 맥북과 아이팟, 아이폰 등을 공개하는 모습과 그가 직원들에게 남겼던 메시지가 담겼다. 잡스는 "당신이 삶(Life)이라고 부르는 모든 것은 당신보다 똑똑하지 않은 사람들에 의해 만들어졌다"며 "당신도 이것을 바꿀 수 있고, 영향을 줄 수 있다"고 하였다.

이러한 정신은 잡스와 함께 일했던 팀 쿡 애플 CEO와 조너선 아이브 전 애플 디자인 최고책임자의 회상에도 드러난다. 팀 쿡 애플 CEO는 5일 직원들에게 메모를 보내 잡스의 정신을 되새기면서, "스티브는 열정을 지닌 사람들이 세상을 개선할 수 있다고 믿었다"며 "그는 우리가 세상을 있는 그대로가 아니라, '어떤 모습으로 변화시킬 수 있는지'의 관점으로 보도록 자극하였다"고 하였다.

조너선 아이브 전 애플 디자인 최고책임자는 월스트리트저널 기고를 통해 잡스를 기렸다. 그는 "스티브는 돈이나 권력에 정신을 빼앗기지 않았고, 아름답고 유용하며 힘을 실어주는 무언가를 만드는 것이 인류에 대한 사랑을 표현하는 길이라고 믿었다"고 하였다. 또 "나는 그가 세상을 보는 방식을 사랑하였다"며 "그가 생각하는 방식은 매우 아름다웠다"고 하였다.

### (2) 의도가 있는 호기심을 가져라

스티브 잡스는 무한한 호기심을 가지고 이에 못지않게 실행력도 대단한 인물이었다. 조너선 아이브는 이를 "의도가 있는 호기심"이라고 하였다. 그는 "스티브는 자기가 아는 것에만 국한되지 않고 많은 분야에 지칠 줄 모르는 호기심을 가졌다"며 "그의 호기심은 날카롭고 활력이 넘쳤다"고 하였다. 또 "그는 아늑하거나 가만히 있는 것을 거부하였다"고 회상하였다.

많은 분야에 호기심을 갖고, 작은 가능성이라도 집중하고, 이를 토대로 생산적인 아이디어를 끊임없이 탐구하였다는 것이다. 잡스의 이런 모습은 잡스 가족의 추모사에도 드러난다. 잡스 가족은 "그는 우리에게 세상의 아름다움을 받아들이고, 주변의 새로운 생각들에 호기심을 갖고 눈앞에 보이는 것 너머를 주목하며, 초심자의 마음으로 항상 겸손할 것을 가르쳐 주었다"고 하였다.

## (3) 자신만의 독창적 관점으로 세상을 보라

잡스는 문제 해결에 기존의 방식이 아닌 자신만의 방식과 통찰력을 활용하였다. 아이브는 "스티브는 아이디어와 비전을 넘어 혼란 속에서 통찰력을 찾아냈다"고 했고, 잡스 가족들은 "그는 우리 자신만의 관점으로 세상을 보라고 가르쳤다"고 하였다. 델 테크놀로지의 설립자이자 최고경영자인 마이클 델은 최근 자신의 회고록인 '플레이 나이스, 벗 윈'을 통해 스티브 잡스와의 일화를 소개하였다.

잡스는 적자 누적 상황에서 경영진과 갈등을 겪다 1985년 애플에서 쫓겨났고, 컴퓨터 소프트웨어 업체인 'NeXT'를 차렸다. 그는 NeXT에서 만든 컴퓨터 운영체계를 델이 사용해달라고 마이클 델을 찾아갔다. 당시 델은 이 제안을 거절하였다. 잡스는 1997년 재정위기에 빠진 애플로 복귀한 후, NeXT의 소프트웨어에 애플 맥 소프트웨어를 이식한 운영체계를 만들어 다시 델을 찾아갔다.

잡스는 이 자리에서 "델 컴퓨터에 마이크로소프트 윈도와 맥 OS를 동시에 탑재해 고객이 결정하게 하자"고 제안했고, 판매되는 모든 델 컴퓨터에 대한 로열티를 요구하였다. 협상은 결렬됐지만, 델은 "이 협상이 타결됐다면 IT 역사가 바뀌었을 수 있다"고 하였다. 델은 "대단한 일을 하려는 사람은 뭔가가 다르고, 독창적인 접근 방식을 취해야 한다"며 "정해진 규칙을 따르면서 놀라운 일을 이룩할 수는 없다. 잡스는 그런 면에서 탁월하였다"고 하였다.

## (4) 고객이 원하는 것을 끊임없이 파악하라

잡스는 누구보다 고객 중심의 기업가였다. 포브스는 지난 5일(현지시각) '잡스가 남긴 위대한 제품을 만드는 법'이라는 기사를 통해 잡스의 고객 중심 사고방식을 소개하였다. 포브스는 "잡스는 제품이 마케팅이나 기술만으로는 성공할수 없다고 생각하였다"며 "고객의 요구와 그 요구에 대한 깊은 이해가 선행돼야한다고 봤다"고 분석하였다.

고객을 어떻게 돕고 어떻게 기쁘게 할 것인가에 대한 생각이 잡스가 제품을 만든 기준이라는 것이다. 포브스는 잡스가 생전 한 말도 소개하였다. "시장 조사에 절대 의존하지 마세요. 우리의 일은 고객이 원하는 것을 말하기 전에 그들이 원하는 것을 파악하는 것입니다. 고객들은 실제 제품을 보여주기 전까지 자신들이 정작 무엇을 원하는지 알지 못합니다."

### (5) 자신과 제품에 대한 기준은 엄격하라

잡스는 이상주의자였다는 평가를 받는다. 자신의 생각과 비전에 몰두했고, 자기 자신에게 많은 것을 기대하였다. 아이브는 "그의 엄격함과 집요함은 기준이 높았다"며 "보기 드문 활력을 바탕으로 열심히 일하였다"고 하였다. 팀 쿡도 "스티브는 매일 누구도 내다보지 못한 미래를 상상했고 자신의 비전을 실현코자 쉼없이 일하였다"고 하였다. 이런 잡스의 성격은 일부 주변인을 지치게 만들었다는 이야기도 있다.

포브스는 "잡스는 완벽하지 않은 제품을 출시하는 것이 후회스러울 수 있지만, 시시한 제품을 출시하는 것은 자살행위라고 봤다"며 "그는 최소의 멋진 제품이 아닌 정말 대단한 제품을 만들기 위해 노력하였다"고 하였다. 잡스가 원한 것은 조금 저렴해지거나 성능이 개선된 제품이 아닌, 고객이 구매하면서 자랑스러워할 수 있는 제품이라는 것이다.

# 빼앗긴 나라의 슬픔을 시로 위로한 조국의 시인, 윤동주

인간에게 있어서 가장 슬픈 일은 무엇일까? 사람에 따라, 생각에 따라 다를 것이다. 개인적인 생각으로는 부모를 잃은 것과 나라를 빼앗긴 것이 가장 큰 슬픔이다. 부모를 모두 잃은 고아에게는 사회적으로나 국가적으로 지원을 받을 수 있기도 하고 다른 부모(양부모)가 대신 부모가 되어 주어서 슬픔을 이겨내고 사회의 일원으로 잘 성장하는 경우도 있다.

매우 드문 예이지만 한국에서 태어난 지 3~4일 만에 서울의 길거리에 버려졌다가 고아원에 맡겨진 생후 6개월의 여아가 프랑스로 입양되었던 여성이 있다. 그녀는 1973년 8월 29일 출생이고, 한국 이름은 김종숙, 프랑스 이름은 플뢰르 펠르랭이다. 양아버지는 핵 물리학 박사학위를 가진 사업가인 중산층 가정이었으며, 파리 교외 몽트뢰유와 베르사유에서 성장하였다. 그녀는 2012년 5월부터 프랑스의 중소기업 디지털경제부 장관, 프랑스 감사원 문화 시청각 미디어 국가교육 담당자로 된 인물이다.

그러나 나라를 침탈당하여 영토와 주권을 잃어버리게 되면 더 이상 자유도 권리도 생존도 보장받을 수 없게 되는 최악의 슬픔과 절망이 오게 된다.

우리나라도 일본 제국주의의 침략으로 1910년부터 1945년까지 약 36년간 영토와 주권을 빼앗기고 자유도 권리도 없는 시기가 있었다. 나라를 다시 찾고 주권을 회복하기 위하여 무력으로 항일 투쟁을 한 독립운동 투사들도 많았지만 우리 민족의 뿌리와 우리 문화의 우수성을 밝히는 문화, 예술 분야에서 활발하게

활동을 사람들이 많았다. 그 중의 저항시를 써서 민족혼을 일깨우는 데 혼신의
노력을 한 시인이 윤동주이다.

## 윤동주의 가계와 학업

윤동주(尹東柱, 1917~1945)

윤동주(尹東柱, 1917~1945)는 일제 강점기 조선인
으로 독립운동가요, 시인이자 작가이다. 1917년 12월
30일 북간도 명동촌(明東村)에서 태어났다. 본적은 함
경북도 청진시 포항동 76번지이다. 명동촌은 북간도
의 척박한 땅이었지만 1899년 함경도 출신의 김약연,
김하규, 문병규 등이 140여 명의 가족들을 이끌고 북
간도로 집단 이주한 후 윤동주의 할아버지인 윤하현
등이 합류하면서 '동방을 밝히는 곳'이라는 뜻을 지닌 명동촌(明東村)에서 북간도
최대의 한인촌을 형성하였다.

할아버지 윤하현은 장로교 장로로 부유한 농부였고, 아버지 윤영석은 명동
학교에서 교사로 재직하였다. 윤동주는 어려서부터 기독교인인 할아버지 윤하현
의 영향을 많이 받았다. 그의 고모 윤신영은 송창희에게 시집갔는데, 그 고모의
아들이 독립운동가이자 그의 고종사촌 형이었던 송몽규이다. 5촌 아저씨뻘인 당
숙은 윤영춘(尹永春)이며, 아들이 현재까지 가수로 활동한 윤형주(尹亨柱)로 윤동
주와는 6촌 친족이다.

명동소학교(明東小學校)에서 공부하였고, 평양 숭실중학교(崇實中學校)와 서울
연희전문학교(延禧專門學校)를 졸업하였다. 연희전문학교 2학년 재학 중에 소년(少
年)지에 시를 발표하며 정식으로 문단에 등단하였다.

1942년 일본 유학길에 올라서 교토 도시샤대학(同志社大學)에 입학하였으나
1943년 항일운동을 하였다는 혐의로 일본 경찰에 체포되어 후쿠오카형무소(福岡
刑務所)에 투옥되었다가 27세의 나이에 옥중에서 요절하였다. 100여 편의 시를

남겼으며, 사후에 그의 시집 《하늘과 바람과 별과 시》가 출간되었다.

## 중고등학교 시절

1925년 명동소학교(明東小學校)에 입학하여 재학 시절 고종사촌인 송몽규 등과 함께 문예지 《새 명동》을 발간하였다. 6년 뒤인 1931년, 14세에 명동소학교(明東小學校)를 졸업하고, 화룡현립 제일소학교에 편입하여 1년간 수학하던 중에 가족이 만주 용정으로 이사하여, 은진중학교(恩眞中學校)에 입학하였다.

그러나 1935년 소학교 동창인 문익환이 다니고 있는 평양의 숭실중학교로 전학하였다. 그해 10월, 숭실중학교 학생회가 간행한 학우지 《숭실활천(崇實活泉)》 제15호에 시 공상(空想)을 발표하였다. 그러나 1935년 12월, 숭실학교 학생들이 '등불참배'를 거부한 사건이 발생하였고 이듬해 1936년 1월 18일 학교장 '조지 S. 맥퀸'(한국명 윤산온)이 신사참배를 최종적으로 거부함으로써 1월 20일 교장직에서 파면된 후 미국으로 추방되었다. 이후 숭실중학교가 무기휴교로 폐교되어, 문익환과 함께 용정에 있는 광명중학교로 편입하였다. 광명중학교에서 그는 정일권 등을 만나게 된다.

## 연희전문학교(대학) 시절

1937년 광명중학교 졸업반일 무렵, 상급학교 진학문제를 놓고 의학과 진학을 희망하는 아버지와 갈등하다가 할아버지의 개입으로 연희전문학교 문과로 진학을 결정하게 되었다. 1938년 2월 17일 광명중학교를 졸업한 후 경성(京城, 지금의 서울)에 소재한 연희전문학교에 4월 입학하였다. 기숙사와 하숙생활을 하며 그는 근처를 산책하며 시상을 떠올리고 시를 짓거나 벗과 담론을 하였다. 명동촌에서 같이 자란 문익환 목사에 의하면 윤동주 시인은 신학을 공부하는 자신보다 실존주의 철학자이자 신학자인 덴마크의 쇠렌 키르케고르의 철학에 해박하였다고 한다. 문학을 공부하는 학생으로서 다양한 인문학을 공부하였다는 것이다. 연희전문학교 재학시기에 윤동주는 공부를 열심히 해서 언어학자이신 고 최현배 선생이 한국어 과목에 만점을 줄 정도로 우수하였고, 프랑스어, 중국어, 한국어를 두루 공부하였다.

1939년 연희전문 2학년 재학 중에 조선일보 학생란에 산문과 시를 발표하였고 그 해 《소년(少年)》지에 시를 발표하며 처음으로 원고료를 받기도 하였다. 또한 연희전문에서 공부할 때에는《달을 쏘다》같은 수필, 슬픈 족속 같은 시들을 쓰는 등 학교 생활을 소재로 정한 글을 썼다. 1940년 일제 경찰의 학생에 대한 감시가 심해지자 후배 정병욱과 함께 연희전문 기숙사에서 나와 북아현동 누상동 등지에서 하숙생활을 함께 하며 시작에 몰두하였다. 그 후 1941년 12월 27일에 연희전문학교 문과를 졸업할 무렵 틈틈이 썼던 시들 중 19편을 골라 시집 《하늘과 바람과 별과 시》를 내려 했으나 일제의 탄압을 걱정하는 주위의 만류로, 특히 영문학자 윤양하 교수의 만류 때문에 뜻을 이루지 못하고 그 원고를 정병욱에게 증정한 후 일본 대학으로 유학 준비를 하게 되었다.

## 일본 유학 시절

1942년 3월 일본으로 건너가 일본 성공회에서 운영하는 도쿄 릿쿄 대학교 문학부 영문과에 입학하였다가 10월 교토 도시샤대학교 영문학과에 편입하였다. 도시샤대학교는 윤동주가 가장 좋아하는 시인 정지용이 다닌 학교로 일본 조합 교회에서 경영하는 개신교 학교였다.

## 투옥과 사망

1943년 7월 14일, 귀향길에 오르기 전 치안유지법에 따른 사상범으로 일본 경찰에 체포되어 교토의 카모가와 경찰서에 구금되었다. 이듬해 교토 지방재판소에서 2년형을 선고받고 후쿠오카 형무소에 수감되었다. 1944년 3월 31일 교토 지방재판소 제1형사부 이시이 히라오 재판장 명의로 된 판결문은 징역 2년형을 선고하면서 "윤동주는 어릴 적부터 민족학교 교육을 받고 사상적 문화적으로 심독했으며 친구 감화 등에 의해 대단한 민족의식을 갖고 내선(일본과 조선)의 차별 문제에 대하여 깊은 원망의 뜻을 품고 있었고, 조선 독립의 야망을 실현시키려 하는 망동을 하였다"라고 적혀 있다. 교토 지방재판소에서 송몽규와 함께 치안유지법 제5조 위반죄로 징역 2년을 선고받은 뒤 후쿠오카 형무소로 이송되었다.

1945년 2월 16일 오전 3시 36분 후쿠오카 형무소에서 옥사하였다. 시신은 화장된 뒤 가족들에게 인도되어 그 해 3월 장례식을 치른 후 만주의 지린성 룽징시에 유해가 묻혔다(향년 28세). 그의 조부 윤하현의 비석으로 마련한 흰 돌을 그의 비석으로 사용하였다.

한편, 그의 죽음에 관해서는 옥중에서 정체를 알 수 없는 주사를 정기적으로 맞은 결과이며, 이는 일제의 생체실험의 일환이었다는 주장도 제기되고 있었다.

## 사후 평가

윤동주는 민족적 저항시인으로 널리 알려져 있으며, 강인한 의지와 부드러운 서정을 지닌 시인으로 평가되고 있다. 1986년에는 20대 젊은이들이 가장 좋아하는 시인으로 선정되기도 하였다. 북한에서는 '일제말기 독립의식을 고취한 애국적 시인'으로 평가되고 있다.

그의 시는 생활에서 우러나오는 내용을 서정적으로 표현하였으며, 인간과 우주에 대한 깊은 사색, 식민지 지식인의 고뇌와 진실한 자기성찰의 의식이 담겨 있다고 평가된다.

1947년 2월 정지용의 소개로 경향신문에 유작이 처음 소개되고 함께 추도회가 거행되었다. 1948년 2월 윤동주의 3주기 추도식에 맞춰 윤동주의 유작 31편과 정지용의 서문으로 이루어진 유고시집 《하늘과 바람과 별과 시》 초간본을 임시로 발간하였고, 같은 해 3월 정식으로 정음사에서 간행하였다.

이후 1962년 3월부터 독립유공자를 대량으로 발굴 포상할 때, 그에게도 건국공로훈장 서훈이 신청되었으나 유족들이 사양하였다. 1990년 8월 15일에야 건국공로훈장 독립장이 추서되었다. 1985년에는 그의 시정신을 계승하기 위한 윤동주문학상이 한국문인협회에 의해 제정되었다.

## 《하늘과 바람과 별과 시》 유고시집 출판

윤동주의 사후에 출판된 유고시집으로, 그의 대부분의 작품은 이 유고시집에 실려 있다. 1941년에 19편이 완성되어 시집으로 펴내려던 것을 일제의 검열을 우려하여 출판하지 못하고 1948년 정음사(正音社)에서 유작 31편을 모아 동일한 이름으로 간행하였다. 처음 19편의 시는 모두 연희전문학교 시절에 쓰였다. 1948년의 초간본은 31편이 수록되었으나, 유족들이 보관하고 있던 시를 추가하여 1976년 3판에서는 모두 116편이 실리게 되었다.

1948년 2월 윤동주의 3주기 추도식에 맞춰 갈색 벽지로 표지를 한 초간본 10권이 제작되었고, 정음사에서 발행한 것은 그 다음 달 1,000부를 찍어낸 초판본이다. 책은 다 되었지만 표지가 아직 덜 된 상태에서 추도식에 쓸 책을 따로 표지한 게 초간본이고, 한 달 뒤 이정의 파란색 판화 그림을 달고 초판본이 나왔다. 당시는 세로 쓰기를 하던 때였으나 정음사를 만든 외솔 최현배의 뜻을 담아 한글 가로쓰기를 하였다.

대표작 《서시》
_____

죽는 날까지 하늘을 우러러
한 점 부끄럼이 없기를,
잎새에 이는 바람에도
나는 괴로워하였다.
별을 노래하는 마음으로
모든 죽어가는 것을 사랑해야지
그리고 나한테 주어진 길을
걸어가야겠다.

오늘 밤에도 별이 바람에 스치운다.


대표작 《또 태초의 아침》
_____

다들 죽어가는 사람들에게
검은 옷을 입히시오.

다들 살아가는 사람들에게
흰 옷을 입히시오.

그리고 한 침실(寢室)에
가지런히 잠을 재우시오.

다들 울거들랑

젖을 먹이시오.

이제 새벽이 오면
나팔소리 들려 올 게외다.

대표작 《십자가》

───────────────────────────────────────────

쫓아 오든 햇빛인데
지금 교회당 꼭대기
십자가에 걸리었습니다.

첨탑(尖塔)이 저렇게도 높은데
어떻게 올라갈 수 있을까요.

종소리도 들려 오지 않는데
휘파람이나 불며 서성거리다가

괴로웠던 사나이
행복한 예수 그리스도에게
처럼
십자가가 허락된다면

모가지를 드리우고
꽃처럼 피어나는 피를
어두워 가는 하늘 밑에
조용히 흘리겠습니다.

계절이 지나가는 하늘에는
가을로 가득 차 있습니다.

나는 아무 걱정도 없이
가을 속의 별들을 다 헤일 듯 합니다.

가슴 속에 하나 둘 새겨지는 별을
이제 다 못 헤는 것은
쉬이 아침이 오는 까닭이요,
내일 밤이 남은 까닭이요,
아직 나의 청춘이 다하지 않은 까닭입니다.

별 하나에 추억과
별 하나에 사랑과
별 하나에 쓸쓸함과
별 하나에 동경과
별 하나에 시와
별 하나에 어머니, 어머니

어머님, 나는 별 하나에 아름다운 말 한 마디씩 불러 봅니다. 소학교 때 책상을 같이했던 아이들의 이름과, 패, 경, 옥 이런 이국 소녀들의 이름과, 벌써 아기 어머니 된 계집애들의 이름과, 가난한 이웃 사람들의 이름과, 비둘기, 강아지, 토끼, 노새, 노루, '프랑시스 잠', '라이너 마리아 릴케', 이런 시인의 이름을 불러 봅니다.

이네들은 너무나 멀리 있습니다.
별이 아스라이 멀 듯이,

어머님,
그리고 당신은 멀리 북간도에 계십니다.

나는 무엇인지 그리워
이 많은 별빛이 내린 언덕 위에
내 이름자를 써 보고,
흙으로 덮어 버리었습니다.

딴은, 밤을 새워 우는 벌레는
부끄러운 이름을 슬퍼하는 까닭입니다.

그러나 겨울이 지나고 나의 별에도 봄이 오면
무덤 위에 파란 잔디가 피어나듯이
내 이름자 묻힌 언덕 위에도
자랑처럼 풀이 무성할 게외다.

# 12 사회적책임(SR)의 실천가, 경주 최부자

최근 전세계적으로 사회적 책임(Social Responsibility: SR)이 강조되고, ESG경영이 중요한 경영평가로 인정되고 있는 시점에 이미 조선시대 1500년대부터 사회적 책임을 다하고, '노블레스 오블리주(noblesse oblige)'를 앞장서서 실천한 사례가 경주 최부자 집(崔富者 家)이다.

사회적 책임(SR)에 대한 논의는 기업(企業)의 사회적 책임(社會的 責任, Corporate Social Responsibility: CSR)에서 시작되었다. 즉, 1979년 미국의 경제학자인 캐롤(Archie B. Carroll) 교수의 '기업의 사회적 책임에 관한 피라미드 모형'에서 경제적 책임, 법적 책임, 윤리적 책임, 자선적 책임의 네 가지로 정리하는 데서 출발하였다.

이 모형은 기업이 경제적 책임이 가장 기본이지만 나아가 법적인 책임뿐만 아니라 윤리적이고 재량적(자선적) 책임 또한 갖고 있음을 단계적으로 보여주고 있다. 이는 기업이 생산 및 영업활동을 하면서 환경경영, 윤리경영, 사회 공헌과 노동자를 비롯한 지역사회 등 사회 전체에 이익을 동시에 추구하며, 그에 따른 의사결정 및 경영활동을 하는 것을 말한다. 지금은 기업뿐만 아니라 국가를 비롯한 지방자치단체, 공공기관과 같은 공적 조직, 나아가 사회적 저명인사, 유명 연예인에게도 요구되는 것으로 개념이 확대되었다.

그러나 20세기 후반에야 사회적 책임이 강조되고 있음을 고려할 때, 경주 최부잣집에서는 16세기 중반에 이를 인식하고 몸소 실천하였다는 점에서 높이 평가하지 않을 수 없다.

옛말에 "부자는 망해도 3년은 먹을 것이 있다"라는 말도 있고, "부자는 3대를 못간다"라는 말도 있다. 이는 역설적으로 보면 부자도 쉽게 망할 수 있다는 교훈을 보여주고 있다.

이탈리아의 부자가문을 찾자면 피렌체의 '메디치'가문을 들 수 있다. 귀족이 아닌 상인으로 출발한 메디치 가문은 민중의 지지와 상업으로 성공하여 피렌체 공화국에서 정계를 장악하고 유럽의 16개 도시에 은행을 세우고 유럽을 장악하였으며, 세 명의 교황(레오 10세, 클레멘스 7세, 레오 11세)을 배출하였다. 결혼을 통해 프랑스와 영국의 왕실에 일원이 되어 외교까지 성공하며 피렌체 공화국의 발전에 기여한 공으로 '국부(國父)'의 칭호를 받았다. 이렇게 메디치가문은 14세기부터 18세기까지 무려 300여 년 이상을 부와 권력, 종교까지 장악하고 영향력을 행사하였다고 한다.

## 경주 최부자의 시작, 1대 최진립

최부잣집의 시작은 신라시대 대석학 최치원의 17대 후손인 조선시대의 최진립(1568~1636)이 경주 최부잣집의 제1대로 시작하였으며, 제12대 최준(1884~1970)까지의 약 402년 가까이 이어져 온 가문을 말한다. 경주 최부잣집의 시작인 최진립은 임진왜란 때 나라를 구하기 위하여 전쟁에 참전하고, 정유재란 때에도 공을 세웠다. 전쟁이 끝난 후에도 오위도총부도사, 공조 참판, 삼도 수군통제사 등의 관직을 지냈다. 나라가 어려울 때 큰 공적을 쌓음으로써 국가에도 기여하고, 부를 쌓은 최진립은 아들 최동량을 교육시켜 최동량이 최부잣집을 발전시키는 데 도움을 주었다. 한편 최동량에게 재산을 물려주고 여생을 살던 최진립은 1636년 병자호란 때 참전하였다가 전사하였다.

## 2대 최동량, 부의 축적

최동량은 아버지 최진립으로부터 많은 재산을 물려받았고 많은 땅도 구입하였다. 산부터 강까지 이르는 넓은 땅을 산 후, 여기 전체에 농사를 짓기 시작하였다. 최동량의 아들 최국선은 함께 둑을 세우고 아버지 옆에서 도우며 동반자가 되어 주었다. 최동량은 이웃 사람들이 땅을 빌려서 농사를 짓고 싶어하면 농사로 수확한 곡식의 절반만 소작료로 받았고, 중간 관리자인 마름도 두지 않았다. 조선시대의 마름은 땅을 빌린 농삿꾼과 땅주인 사이에서 소작료가 제대로 전달되도록 하는 검사관 역할을 하는 사람이었지만 중간에서 소작료를 빼돌렸기 때문에 마름이 없는 것이 더 안전하고 소작료가 저렴할 수 있었다. 이러한 방식으로 최동량은 일꾼을 모아 그 많은 땅들을 모두 경작하였고, 농사는 대 성공이었다. 나아가 거름을 쓰는 시비법과 모내기를 하는 이앙법으로 농사를 지으면서 수확량을 더욱 크게 늘렸다. 얼마 후 최동량은 세상을 떠나고 최국선에게 최부잣집의 3대째 자리를 내어 주게 되었다.

## 3대 최국선의 가난한 사람들에 대한 배려

3대 최국선부터 가난한 사람들에 대한 나눔이 시작되었다. 불교의 어느 승려가 "재물은 거름과 같습니다. 재물을 나누면 세상을 이롭게 하지만, 움켜쥐면 썩습니다"라고 하는 말씀을 듣고 나눔을 실천하기 시작하였다고 한다. 3대 최국선이 대를 이었을 때에 이미 최부잣집은 조선 최고의 부자가 되었다. 최국선은 1671년 조선 현종 때에 흉년이 들어 농민들이 쌀을 빌려 간 것을 갚지 못하게 되자 이를 안타까워하면서 4대 아들 최의기 앞에서 담보문서를 모두 불살라 버렸다는 이야기는 너무나 유명하다. 게다가 최국선은 죽을 쑤어서 거지들에게 푸짐하게 나눠주었으며, 보리가 여물지 않는 3월과 4월의 보릿고개 때에는 100석의 쌀을 이웃에게 나눠주었다고 한다. 3대 최국선대에서부터 소작료 수입의 3분

| 1대<br>정무공 최진립<br>(1568~1636)<br>(가암파 파조) | 2대<br>최동량<br>(현감공, 동파)<br>(1598~1664) | 3대<br>최국선<br>(사옹원 참봉)<br>(1631~1682) | 4대<br>최의기<br>(1653~1722)<br>(고동계 파조) |
|---|---|---|---|
| 8대<br>최기영<br>(1768~1834)<br>(용암, 생원) | 7대<br>최언경<br>(1743~1804) | 6대<br>최종률<br>(1724~1773) | 5대<br>최승렬<br>(1690~1757) |
| 9대<br>최세린<br>(1791~1846)<br>(대우, 생원) | 10대<br>최만희<br>(1832~1879)<br>(진사) | 11대<br>최현식<br>(1854~1928)<br>(둔차, 진사) | 12대<br>최준<br>(1884~1970)<br>(문파, 참봉) |

경주 최부잣집의 가계도

의 1을 빈민구제로 쓰는 풍습이 생기면서 200년 후의 최준대에까지 이어져 왔다.

　세상에는 부자가 3대를 가기 어렵다는 속설도 있지만, 이는 조상이 힘들게 쌓은 재산을 후대에서 노력하지 않고 유지하기가 어렵다는 것을 말해준다. 이렇듯 후손을 엄격하게 교훈하며 탐욕을 줄여갔던 최부잣집은 조선의 '노블레스 오블리주'를 실천한 대표적인 사례로 여겨지고 있다.

## 12대 최준, 일제 독립운동과 대학의 설립

　최부잣집은 19세기 조선 조정의 부패와 일본의 침략에 의해 나라가 혼란스러워지자 덩달아 무너져 갔다. 이때 11대 최부자 최현식은 활빈당에 의해 최부잣집이 무너질 위기에 처했으나 최부잣집의 도움을 받았던 농민과 거지들이 이심전심으로 한마음으로 힘을 합쳐서 활빈당을 물리쳐 주었으며, 다행히 위기를 무사히 넘기고 최부잣집의 가문을 이어가는 듯하였다.

　최부잣집의 마지막 부자는 12대 최준이었다. 최준이 활동하던 시기는 일제 강점기에 해당하는데, 최준의 집에 묵었다가 가던 항일독립운동가들과의 교유를 통해 최준은 자연스럽게 독립운동에 가담하게 되었다. 백산 안희제와 더불어 백산상회를 설립하여 거액의 독립자금을 제공하였다. 여기서 나온 자금은 임시정부의 필요한 자금의 6할을 넘었다고 하니 대단한 기여라고 할 수 있다. 2018년 곳간채의 나무 궤짝에서 발견된 자료들을 통해 최부잣집의 구휼 세부 내역, 독립운동가와의 네트워크, 백산상회와 관련한 독립운동 관련 내용을 확인할 수 있었다. 2020년 1월 경주 최부잣집에서 2018년 발견된 독립운동 관련 문서를 바탕으로 경주 국채보상운동 학술대회와 전시회를 개최하기도 하였다.

해방 후에는 전재산을 모두 대구대학(현재의 영남대학교)과 계림학숙을 세우는 데 기부하였다. 이로써 최부잣집은 12대 400여 년의 역사를 이어오다 막을 내리게 되었다.

경주 최부잣집은 우리나라에서는 아주 독특하고 흥미로운 가문으로서 깨끗하게 재산을 축적하여 청부(淸富)라고 불리고도 남을 만큼 훌륭한 부잣집이다. 이른바 귀족으로서 사회적 책임(Social Responsibility: SR)를 다하는 '노블레스 오블리주(noblesse oblige)'를 대표적으로 실천한 보기 드문 가문으로 알려져 있다.

## 최부잣집의 6훈(六訓)

12대를 이어오면서 400년이 넘는 세월 동안 만석(萬石)의 재산을 지키고 9대에 걸쳐 진사를 배출하면서 최부잣집을 정신적으로 지탱해온 여섯 가지 가훈(家訓)인 육훈(六訓)이 그 배경에 깔려 있다. 육훈은 최부잣집 안채의 담벼락 앞에 표지판으로 만들어져 있는데 그 내용을 보면 다음과 같다.

1. 과거를 보되 진사 이상은 하지 마라.
2. 재산은 만석 이상 지니지 마라.
3. 과객을 후하게 대접하라.
4. 흉년기에는 땅을 사지 마라.
5. 며느리들은 시집 온 후 3년 동안 무명옷을 입어라.

6. 사방 100리 안에 굶어 죽는 사람이 없게 하라.

　최부잣집에서 오랫동안 부를 축적하고 유지하는 비결은 집안 대대로 내려오는 육훈(六訓)에 있었다. "1. 과거를 보되 진사 이상은 하지 마라"라는 육훈은 높은 벼슬을 멀리하여 정쟁에 휘말리지 말라는 뜻이 있었다. "4. 흉년기에는 땅을 사지 마라"와 "6. 사방 100리 안에 굶어 죽는 사람이 없게 하라."는 흉년에 남의 땅을 헐값에 사들여서 부를 축적하지 말고 울산, 영천, 안강, 감포까지 사방백리에 땅을 소유한 최부잣집은 이 일대 어려운 사람의 명부를 작성하고 곡식을 배급하여 굶주린 사람이 없도록 하였다.

　"3. 과객을 후하게 대접하라"는 것은 과객을 후하게 대접하여 세상 얘기를 귀담아듣고 민심을 살피고 정보를 얻으라는 의미이다. 과객은 지식이 많을수록 오래 머물게 하고 집주인 스스로 자세를 낮추어 과객이 편안하게 머물다 가게 하였다. 최부잣집의 사랑채에 걸려있는 크게 어리석다는 '대우헌(大愚軒)'과 재주가 둔하여 2등에 머문다는 '둔차(鈍次)' 편액은 이런 생각을 담은 것이다.

　육훈의 내용 중 핵심은 소작료 배분에 있었다. 3대 최국선(1631~1681) 이래 관행에서 벗어나 80%를 받던 소작료를 절반만 받는 파격조치를 단행하였다. 생산성이 높아지고 좋은 땅이 매물로 나오면 앞다퉈 최부잣집에 알려 주어서 좋은 땅들을 늘려갈 수 있었다. 이때부터 최부잣집은 본격적으로 부를 축적하기 시작하였다. 여기에 만석 이상의 생산이 되면 소작료를 절반(5:5)에서 6:4, 7:3으로 낮추는 한편 만석(쌀 2만 가마니) 이상 재산은 모두 사회에 환원하였다. 부를 움켜쥐지 않고 나누어주면 더 큰 부를 얻는다는 사실을 최부잣집은 이미 1600년대에 깨달은 것이다.

　오늘날 자본주의가 최고조로 달한 시대에는 누구나 자기 돈을 아끼는 애착도 많고 돈을 더 벌려는 욕망이 가득하여 황금만능주의에 빠져 있다고 한다. 그러나 최부잣집은 이러한 인간의 욕망을 절제하고 한계를 지키며, 베푸는 돈에 대한 남다른 철학을 실천하였기 때문에 오늘날 공존하는 삶을 위해 최고로 필요한 덕목이라 하겠다.

## 수신의 도리를 다하는 육연(六然)의 실천

육연(六然)은 사람이 지녀야 할 몸가짐과 처신에 대해 밝히고 있는데, 항목마다 연(然)이 붙어 몸에 베인 자연스러움을 강조하고 있다. 이는 어떤 상황에서도 이른바 동양의 신사인 군자(君子)의 모습을 견지해야 함을 잘 설명해주고 있다. 원래 육연(六然)은 중국 명나라 학자 육상객(陸湘客)의 글에서 유래되었다고 한다.

1. 자처초연(自處超然) : 혼자 있을 때 초연하게 지내라.
2. 대인애연(對人靄然) : 다른 사람을 온화하게 대하라.
3. 무사징연(無事澄然) : 일이 없을 때는 마음을 맑게 지내라.
4. 유사감연(有事敢然) : 유사시에는 용감하게 대처하라.
5. 득의담연(得意澹然) : 뜻을 얻었을 때 담담히 행동하라.
6. 실의태연(失意泰然) : 실의에 빠져도 태연히 행동하라.

## 나라가 없으면 부자도 없다

최부잣집의 마지막 부자는 12대 최준(1884~1970)이다. 최익현, 신돌석, 최시형, 손병희 등 항일독립투사들이 최부잣집에 자주 묵고 가게 되자 최준은 독립운동에 눈을 뜨기 시작하였다. 사촌 매형은 대한광복회 사령관 박상진이고 장인은 안동 오미마을 김정섭이다. 김정섭의 아우가 그 유명한 김응섭으로 최준이 독립운동에 가담하게 된 것은 자연스러운 일이었다.

최준은 "재물은 분뇨와 같아서 한 곳에 모아 두면 악취가 나고 골고루 사방에 뿌리면 거름이 되는 법이다. 나라가 없으면 부자도 없다."라고 하면서 백산 안희제와 함께 백산상회를 설립하여 거액의 자금을 독립단체에 제공하였다. 실제 대한민국 임시정부에서 필요로 하는 독립운동의 자금 6할을 부담하였다고 하니 가히 대단한 기여가 아닐 수 없다.

# 13        무엇을 배울 것인가

세상은 하루가 다르게 과학기술의 변화로 우리들의 삶의 양식도 급변하고 있고, 지구촌이 글로벌(Global) 시대가 되면서 대한민국이라는 영토 내에서만 생각하고 행동하는 시대는 지났다.

앞에서 살펴본 12명의 역사적 인물들의 발자취를 통하여 많은 교훈을 얻을 수 있었다. 정치, 경제, 사회, 예술 등 다방면에서 괄목할 만한 업적을 남긴 인물들의 삶의 궤적에는 빛나는 업적만 남아 있는 것이 아니라 그들의 삶에는 많은 고통과 눈물과 희생이 있었기 때문에 오늘날 우리가 많은 혜택을 누리면서 살고 있는 것이다.

우리 대학생들이 이 교과목을 수강하면서 글로벌 시대에 자기에게 맡겨지는 일을 잘 감당하려면 어떠한 역량을 갖추어야 하는지를 고민하여야 한다.

저자가 생각하는 역량을 든다면 크게 세 가지를 제시하고 싶다. 첫째, 인성, 둘째, 창의성, 셋째, 전문성이다.

## 첫째로 인성이다

인성은 인간으로서 갖추어야 할 가장 기본적인 요소이다. 인성을 측정하려면 계량적으로 가능한 면도 있지만 비계량적인 측면도 있다. 계량적인 측면은 담배 꽁초를 함부로 버리거나 침을 뱉는 모습, 공중질서를 잘 지키는지, 음주운전이나 난폭운전을 하지 않는지 등을 통하여 평가될 수 있다. 비계량적인 요소는 도덕적으로나 윤리적으로 행동하는지, 남을 잘 배려하는지, 매사 성실한지 등 다양한 요소로 평가가 가능하다.

인성이라는 것은 머리로 생각하고 지식적으로 알고 있다고 좋은 인성을 갖추고 있는 것은 아니다. 오랜 시간 학습을 통하여서 갖추어져서 나오는 결과이다. 우리는 일반적으로 오랜 학습을 거쳐서 나타나는 결과를 가지고 실력이라고 한다. 따라서 인성은 실력이라고 할 수 있다. 일을 잘 할 수 있게끔 해주는 것을 실력이라고 한다. 인성이라는 것은 서비스 산업시대에 있어서 타인을 배려하고, 상대방의 입장에서 고려할 수 있는 시각을 가지고 있는 실력인 것이다.

또한 인성이라는 것은 리더십이다. 이 리더십에 대한 이론으로는 서양리더십, 동양리더십, 여성리더십 등 많은 유형이 있다. 수많은 리더십 유형 중에서 가장 크게 부각되고 있는 리더십은 희생의 리더십, 봉사의 리더십, 베풂의 리더십, 배려의 리더십 같은 것이다.

## 둘째로 창의성이다

창의성은 일을 주도해 나갈 수 있는 실력을 말한다. 조직에서 상사가 지시하는 일을 지시한 대로 하는 사람도 필요하지만 지시한 일을 지시한 대로만 잘하는 것은 기계에 지나지 않는다. 창의성이라는 것은 시키는 일을 하면서도 생각하고 고민하면서 더 나은 일을 찾아나가는 것이며, 보다 적극적으로 일을 주도할 수 있는 실력을 갖추는 것이 창의성을 가지고 있는 것이다.

창의성에는 크게 다섯까지 요소가 필요하다. 즉, 튼튼한 기초지식, 퍼지 사고력, 호기심, 긍정적인 마음과 태도, 모험심이다. 창의성을 잘 발휘하려면 걸림돌이 되는 것으로 두 가지를 고려하여 배제하여야 한다. 즉, 실패에 대한 두려움과 정답을 신봉하는 마음가짐이다.

산업현장에서 우수한 인재들을 채용해 쓰고 있는 대기업의 CEO들도 이야기하고 있지만, 우리나라에서는 아이들이 더 놀 수 있게 해주어야 창의적인 발상이 나올 수 있다는 것이다. 무슨 일이든지 즐겁게 대하고 겪게 해줘야 창의성이 나올 여유가 생기고 평생학습을 추구할 수 있게 되고, 나아가 전문성을 갖추게 되는 저력이 나온다는 점이다.

퍼지 사고력이란 일반사고력과 차이가 있다. 일반사고력은 단순한 사고력이다. 흑은 흑, 백은 백이라고 구분하는 2분 법적인 단순한 사고력이다. A＝B＝C, A＝C라는 단순한 사고력이다. 퍼지 사고력은 단순 사고력을 초월하는 매우 알쏭달쏭한 상태를 말한다. 이것도 아니고 저것도 아니지만 동시에 이것도 될 수 있고 저것도 될 수 있는 것을 말한다. 피카소가 천재적이고 창의적인 화가로 불리는 이유는 사람의 얼굴을 그릴 때 앞을 보는 동시에 옆을 보고 있는 그림을 그렸다. 아인슈타인이 천재인 이유는 그 당시 빛에 대한 갈등이 있었는데 '빛은 파장이다', '빛은 입자다'라는 주장이 서로 맞선 것이다. 하지만 아인슈타인은 둘 다 맞는 주장이라고 하였다. 이것이 바로 퍼지 사고력이다. 어떤 조직에서든지 창의성이라는 것을 활성화시키기 위해서는 이러한 퍼지 사고력을 가진 사람들을 이해하고 보호하고 이 사고력을 가진 사람들이 활발하게 활동할 수 있도록 문화를 만들어 주어야 한다. 그러므로 어느 조직이든지 리더는 창의적인 능력을 지닌 사람들이 그 능력을 발휘할 수 있도록 뒷받침해주는 것이 매우 중요하다.

창의력을 발휘하기 위해서는 긍정적 마음과 태도가 중요하다. 99번 나아가 999번의 실수와 실패를 하더라도 다시 시도할 수 있는 마음과 자세가 바로 긍정적인 것이다. 대부분의 사람들은 실패하였다고 주저앉아 버리거나 좌절하고 포기하고 절망하고 만다. 그러나 창의적인 사람은 비록 실패하였더라도 다음에 또다시 도전해서 끝내 성공하는 사람들이다. 대표적으로 에디슨을 들 수 있다. 99번의 실패를 하자 친구들이 그렇게 실패하고도 다시 시작할 마음이 있냐고 묻자, 99번의 실패가 아니라 성공할 수 없었던 99번의 방법을 알 수 있는 성공이었다고 주장하고 있으니 대단한 긍정적인 마인드이다.

## 셋째로 전문성이다

급변하는 첨단 과학기술의 발전과 넘쳐나는 정보화시대에 전문가로서 실력을 가지고 활동하려면 지속적으로 공부하여 전문성을 갖추어야 한다. 에디슨이나 빌 게이츠, 스티브 잡스 같은 인물들은 천재적인 재능을 가지고 있어도 끊임없는 노력을 하였다는 점을 알 수 있다.

끝으로 이러한 세 가지 요소의 연관성을 이야기하면, 인성은 어떤 일을 잘할 수 있게끔 해주는 실력이다. 창의성은 일을 주도할 수 있는 실력이다. 그리고 전문성은 일에 대한 실력이다. 이러한 세 가지 요소를 모두 잘 갖추어야 글로벌 시대에 능력을 발휘하고 많은 사람들에게 유익을 줄 수 있는 인재가 될 수 있다.

**최병록**

경북대학교 법과대학 법학과 및 동 대학원 석사과정을 졸업(법학석사)하고, 1987년 7월 개원한 한국소비자원에 입사하여 10년 2개월간 근무하였다.

1997년 9월부터 서원대학교 법학과 교수로 임용되어 민법을 비롯한 경제법, 국제사법, 법학 관련 교양과목을 강의하였고, 현재 서원대학교 경찰행정학부 교수로 민법(민법총칙, 재산법, 가족법)을 주로 강의하고, 교양과목으로 '소비자와 권리', '지식재산권의 이해', '법의 이해', '역사 속 인물에게 배우는 지혜'를 강의하고 있다.

1994년 8월에 "제조물책임의 법리와 입법방향에 관한 연구"로 박사학위를 취득하였고, 1999년 말에 입법된 "제조물책임법"의 제정에도 적극적으로 노력하였다. 2002년 7월부터 "제조물책임법"의 이행에 대비하여 소비자에게는 제조물책임법을 이해하도록 하고, 사업자들에게는 제조물책임법이 기업에 미칠 파급효과에 대응할 수 있는 방안에 대하여 활발하게 특강과 자문을 하였다.

저서로는 '개정 제조물책임법-이론과 판례-', '생활 속의 법의 이해', '소비자와 권리', '지식재산권의 이해', '협동조합기본법', 'PL법과 기업의 대응방안', '제조물책임법과 결합방지대책', '소비자법과 정책' 등이 있다.

## 역사 속 인물에게 배우는 지혜

| | |
|---|---|
| 초판발행 | 2024년 3월 10일 |
| 지은이 | 최병록 |
| 펴낸이 | 안종만·안상준 |
| 편 집 | 전채린 |
| 기획/마케팅 | 김한유 |
| 표지디자인 | 이은지 |
| 제 작 | 고철민·조영환 |
| 펴낸곳 | (주)**박영사** |
| | 서울특별시 금천구 가산디지털2로 53, 210호(가산동, 한라시그마밸리) |
| | 등록 1959. 3. 11. 제300-1959-1호(倫) |
| 전 화 | 02)733-6771 |
| f a x | 02)736-4818 |
| e-mail | pys@pybook.co.kr |
| homepage | www.pybook.co.kr |
| ISBN | 979-11-303-1980-3  93190 |

copyright©최병록, 2024, Printed in Korea

정 가    12,000원